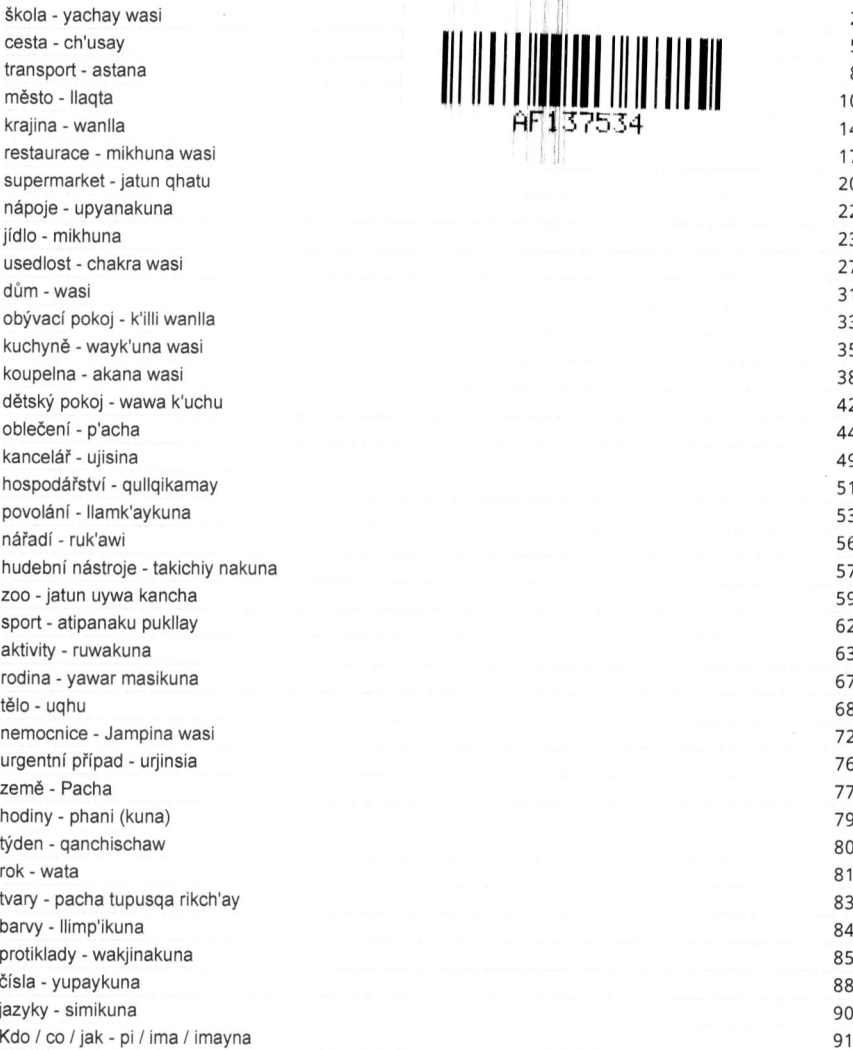

AF137534

Impressum
Verlag: BABADADA GmbH, Nedderfeld 112 , 22529 Hamburg
Geschäftsführer / Verlagsleitung: Harald Hof
Druck: Books on Demand GmbH, In de Tarpen 42, 22848 Norderstedt

Imprint
Publisher: BABADADA GmbH, Nedderfeld 112 , 22529 Hamburg, Germany
Managing Director / Publishing direction: Harald Hof
Print: Books on Demand GmbH, In de Tarpen 42, 22848 Norderstedt

škola

yachay wasi

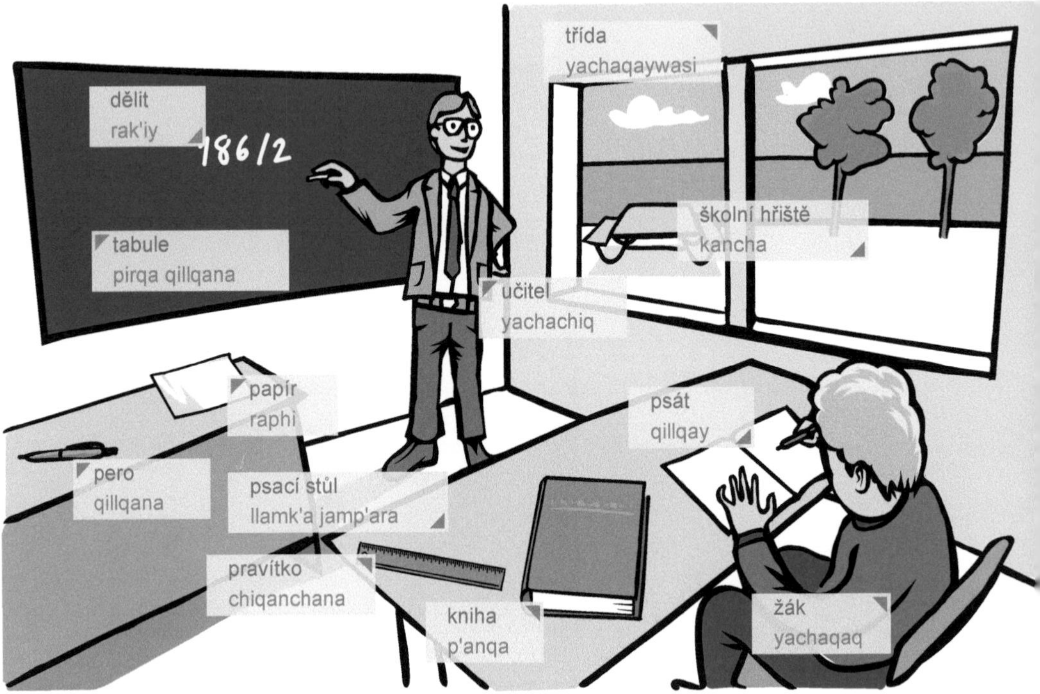

třída
yachaqaywasi
dělit
rak'iy
186/2
tabule
pirqa qillqana
školní hřiště
kancha
učitel
yachachiq
papír
raphi
psát
qillqay
pero
qillqana
psací stůl
llamk'a jamp'ara
pravítko
chiqanchana
kniha
p'anqa
žák
yachaqaq

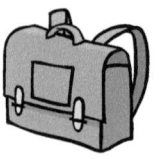

aktovka

wayaqa

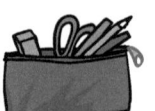

penál

p'uktaki llimp'i qillqana

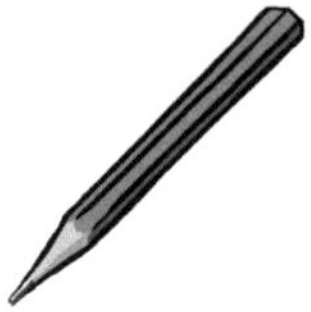

tužka

yana qillqana

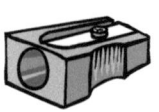

ořezávátko

ñawch'ina

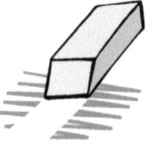

guma

qillqakhituna

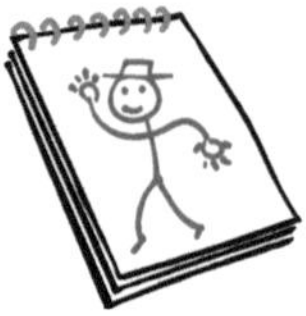

blok na kreslení

qillqana p'anqa siq'inapaq

výkres

siq'i

štětec

chukcha llimp'ina

malířské potřeby

p'uktaki llimp'ikuna

nůžky

k'utuna

lepidlo

k'akachana

cvičebnice

qillqana p'anqa ruwanakuna

domácí úkol

kamachinakuna

počet

yupay

sčítat

yapay

odčítat

qhichuqay

násobit

mirachay

počítat

yupanchay

písmeno

sanampa

abeceda

sanampakuna

slovo

simi rimay

text

qillqa

číst

ñawiriy

křída

iskuna

hodina

yachachina

třídní kniha

qillqana p'anqacha

zkouška

chaninchana

vysvědčení

certificaru

školní uniforma

uniforme

vzdělání

yachay

encyklopedie

jatun simi pirwa

univerzita

Jatun yachaywasi

mikroskop

microscopio

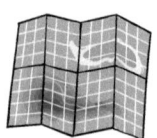

karta

saywa siq'i

odpadkový koš na papír

raphi chuqana

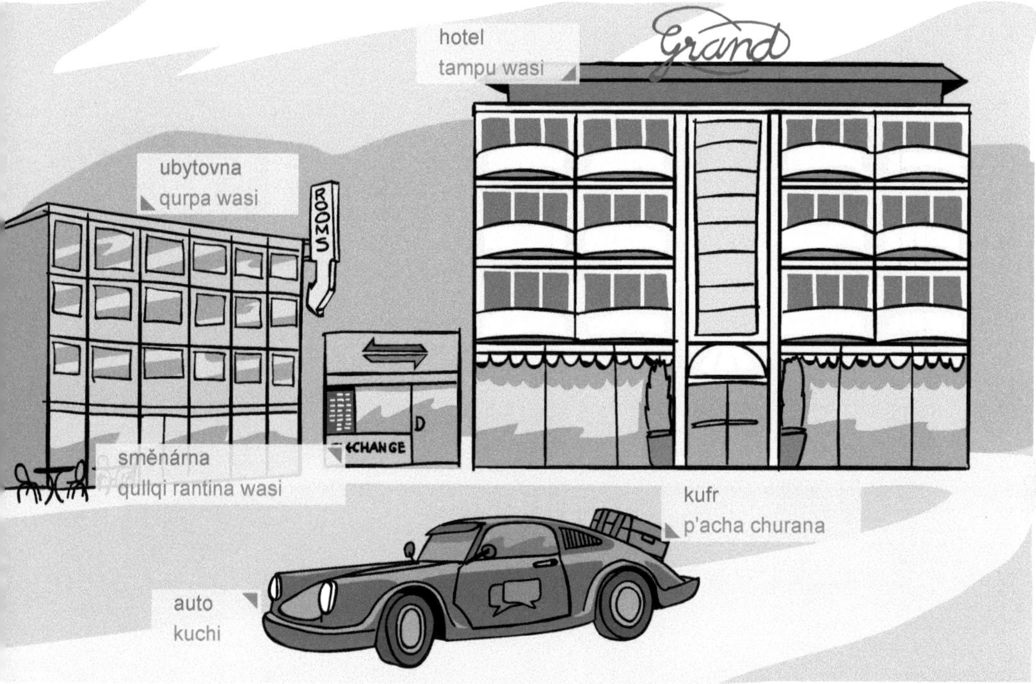

hotel
tampu wasi
Grand
ubytovna
qurpa wasi
ROOMS
směnárna
qullqi rantina wasi
CHANGE
kufr
p'acha churana
auto
kuchi

jazyk

simi

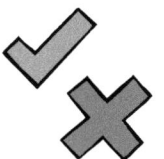

ano / ne

ari / mana

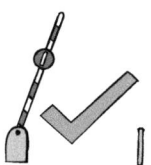

oukej

ari

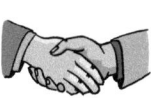

Ahoj!

Imaynalla

překladatel

tikraq

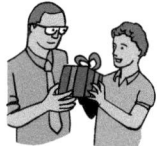

děkuji

Pachi

Kolik stojí...?

¡Machkhataq?

nerozumím

Mana yachanichu

problém

ch'ampay

Dobrý večer!

¡Allin tuta!

Dobré ráno!

¡Allin P'unchaw!

Dobrou noc!

¡Allin tuta!

na shledanou

tinkunakama

směr

pusachay wasi

zavazadlo

q'ipi

taška

wayaqa

batoh

wasa wayaqa

host

jamuynisqa

pokoj

wasi

spací pytel

puñunapaq wayaqa

stan

tienda

turistické informace

turismu willakuy

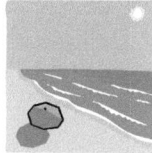

pláž

quchapata

kreditní karta

tarjita kriditumanta

snídaně

paqarin mikhuy

oběd

chawpi p'unchaw mikhuy

večeře

tuta mikhuy

jízdenka

qullqi

výtah

makina wicharinapaq

poštovní známka

unanchana

hranice

saywa

clo

adwana

poselství

imwajada

vízum

visa

pas

pasapurti

transport
astana

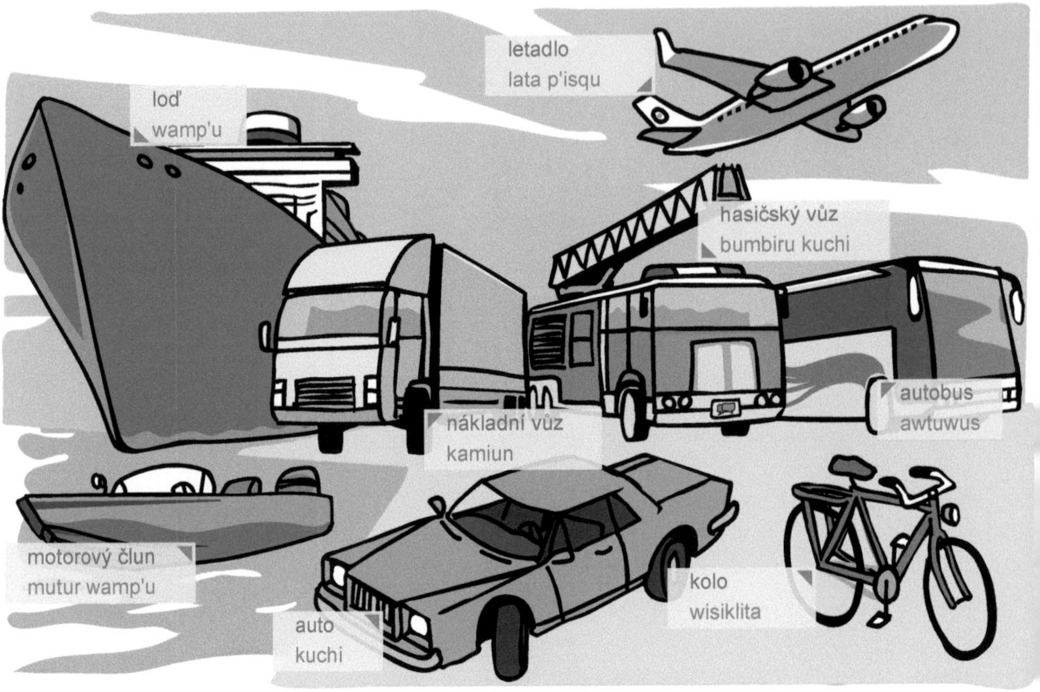
letadlo
lata p'isqu
loď
wamp'u
hasičský vůz
bumbiru kuchi
autobus
awtuwus
nákladní vůz
kamiun
motorový člun
mutur wamp'u
kolo
wisiklita
auto
kuchi

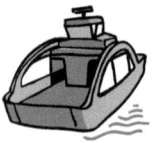

přívoz

quchacha

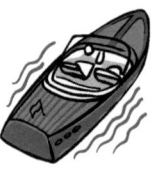

člun

wamp'u

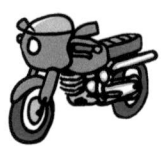

motorka

mutu

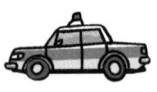

policejní auto

pulisiyap autun

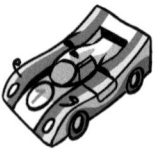

závodní auto

usqay karru

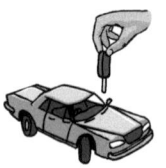

pronajaté auto

kuchi manukuna

sdílení aut
kuchi manu

odtahová služba
grua

popelářský vůz
q'upa kamiun

motor
mutur

palivo
gasulina

čerpací stanice
gasulinamanta istasiun

dopravní značka
chakatana sanampa

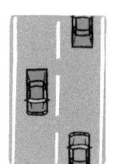

doprava
trajiku

dopravní zácpa
chakatana

parkoviště
istasiun

vlakové nádraží
trin estasiun

koleje
ñankuna

vlak
trin

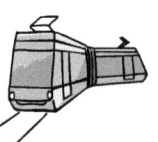

tramvaj
tranwia

vagón
wagun

helikoptéra

ilikuptiru

letiště

lata p'isqu kiti

věž

pukara

pasažér

pasaqlla

kontejner

jatun p'uktaki

kartón

karton p'uktaki

trakař

kapachu

koš

isanka

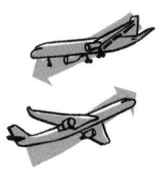

vzlétnout / přistát

phaway / uray

město

llaqta

vesnice

llaqta

střed města

chawpi jatun llaqta

dům

wasi

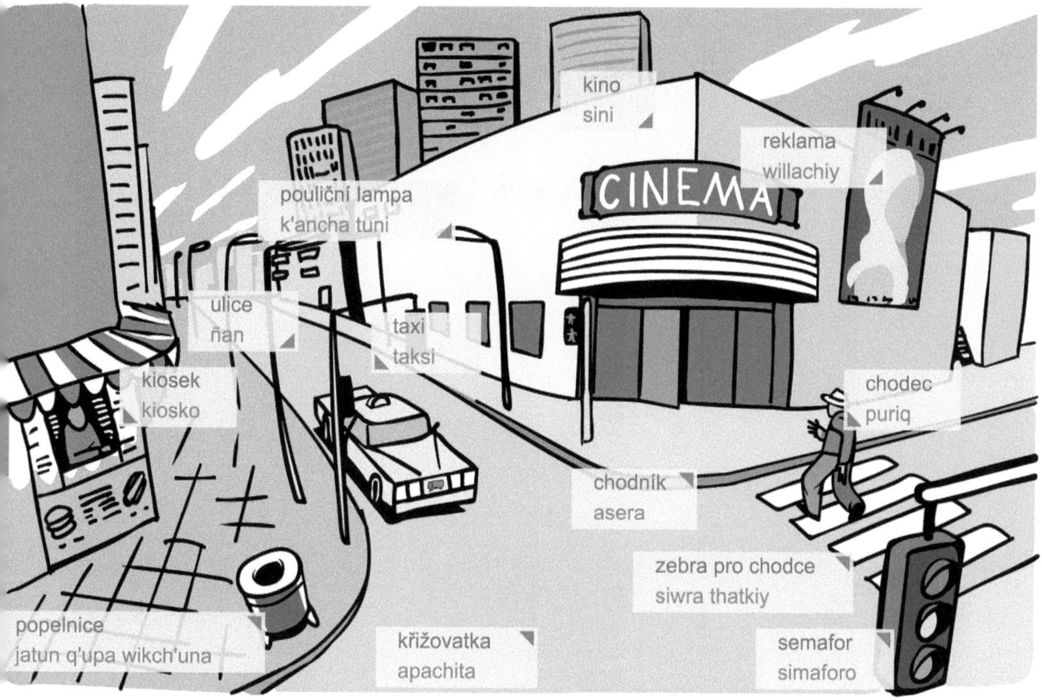

kino
sini

reklama
willachiy

pouliční lampa
k'ancha tuni

CINEMA

ulice
ñan

taxi
taksi

kiosek
kiosko

chodec
puriq

chodník
asera

zebra pro chodce
siwra thatkiy

popelnice
jatun q'upa wikch'una

křižovatka
apachita

semafor
simaforo

chata
ch'ullka

byt
apartamento

vlakové nádraží
trin estasiun

radnice
tantanakuy wasi

muzeum
rikuchina wasi

škola
yachay wasi

univerzita

Jatun yachaywasi

banka

qullqi pirwa

nemocnice

Jampina wasi

hotel

tampu wasi

lékárna

jampi ranqhana wasi

kancelář

ujisina

knihkupectví

p'anqa pirwa

obchod

tienda

květinářství

t'ika wasi

supermarket

jatun qhatu

tržnice

qhatu

obchodní dům

jatun pirwa

rybárna

challwa wasi

nákupní centrum

jatun rantina wasi

přístav

wamp'u qhispinan

park

jark'asqa chiqan

lavička

qullqi pirwa

most

chaka

schody

wichana

metro

metro

tunel

suqhu

autobusová zastávka

autuwus sayana

bar

bar

restaurace

mikhuna wasi

poštovní schránka

willa qillqa juch'uy wanqara

pouliční tabule

t'uqsi tuni

parkovací hodiny

parkimetro

zoo

jatun uywa kancha

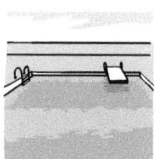

plovárna

armakuna

mešita

meskita

usedlost

chakra wasi

znečišťování životního prostředí

pacha unquchiq

hřbitov

Aya pampa

církev

iñiy wasi

hřiště

pukllana kancha

chrám

Qhapana

krajina
wanlla

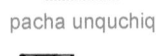

list
raphi

rozcestník
sanampa

cesta
ñan

louka
waylla

kámen
rumi

strom
sach'a

turista
puriq runa

řeka
mayu

tráva
sach'a

květina
ťika

údolí	hora	jezero
qhichwa	muqu	qucha
	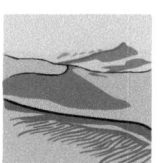	
les	poušť	sopka
Sach'a sach'a	purun	nina phuqchiq urqu

zámek	duha	houba
kastilla wasi	k'uychi	champiñun

palma	komár	moucha
chunta	ch'uspi	ch'uspi

mravenec	včela	pavouk
sik'imira	wara	kusi kusi

brouk

ch'iqi

žába

k'ayra

veverka

artilla

ježek

askanku

zajíc

liwre

sova

ch'usiqa

pták

p'isqu

labuť

yuku p'isqu

divoké prase

sintiru

jelen

sierwu

los

alsi

přehrada

waykhasqa

větrné kolo

wayrakallpa

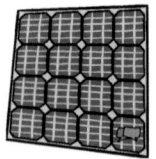

solární panel

inti panil

podnebí

pacha wayra

restaurace
mikhuna wasi

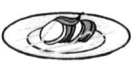

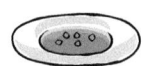

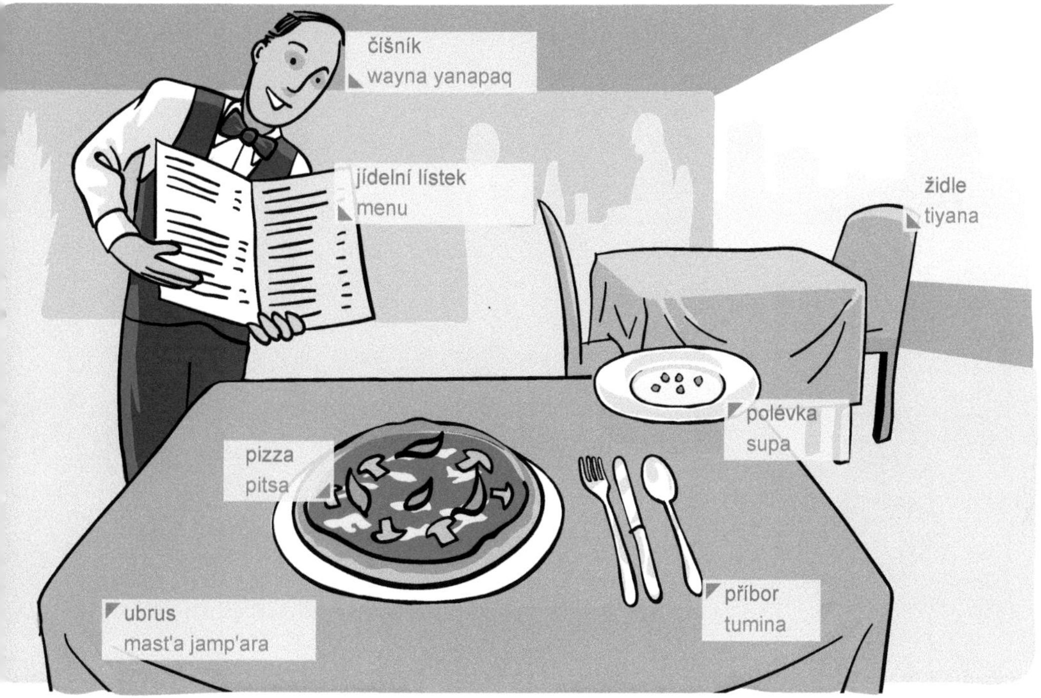
číšník
wayna yanapaq
jídelní lístek
menu
židle
tiyana
polévka
supa
pizza
pitsa
příbor
tumina
ubrus
mast'a jamp'ara

předkrm
....
ñawpaq mikhuna

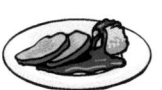

hlavní chod
....
yari mikhuna

dezert
....
mikhuy yapa

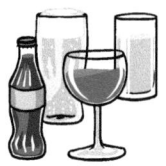

nápoje
....
upyanakuna

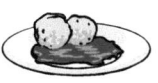

jídlo
....
mikhuna

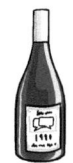

láhev
....
wutilla

rychlé občerstvení

saqra ura

pouliční občerstvení

kalli mikhuna

čajová konvice

te churana

cukřenka

misk'i churana

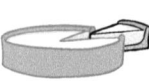

porce

chhika

kávovar na espresso

cajitira iksprisu

dětská stolička

jatun tiyana

faktura

yupay

tác

bandija

nůž

tumi

vidlička

tinidur

lžíce

wislla uña

čajová lyžička

juch'uy wislla uña

ubrousek

simi pichana

sklenička

qhispi akilla

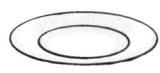

talíř

chuwa

talíř na polévku

chuwa

podšálek

chuwa

omáčka

salsa

slánka

kachi churana

mlýnek na pepř

pimienta kutana

ocet

k'allkucha

olej

llukllu

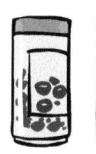

koření

ch'aki q'mirkuna

kečup

ketchup

hořčice

mostaza

majonéza

mayonisa

supermarket
jatun qhatu

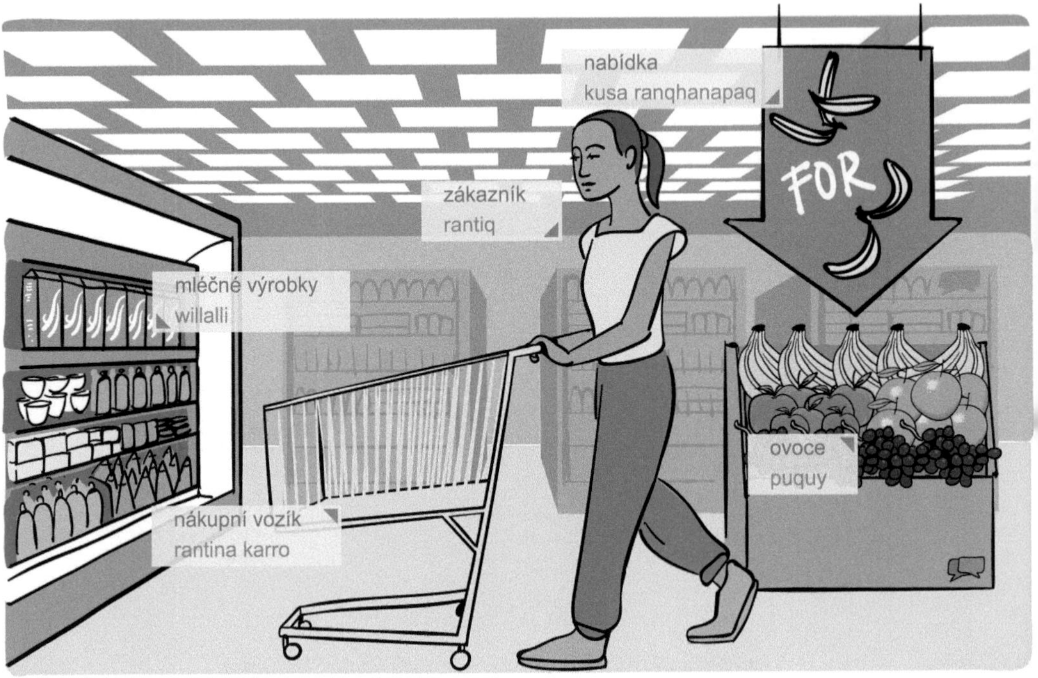

nabídka
kusa ranqhanapaq
FOR
zákazník
rantiq
mléčné výrobky
willalli
ovoce
puquy
nákupní vozík
rantina karro

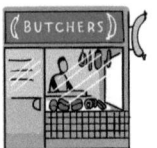

BUTCHERS

masna

aicha wasi

BAKERY

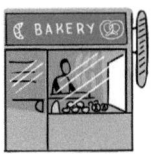

pekařství

t'anta wasi

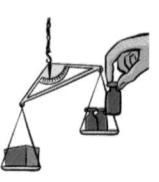

vážit

llasay

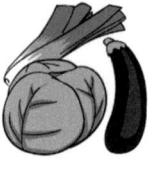

zelenina

q'umirkuna

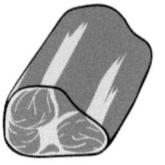

maso

aycha

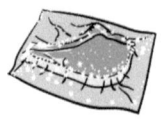

mražené potraviny

chhullunka mikhuna

obložený talíř

quqawi

konzervy

mikhuna unaychasqa

prací prášek

ditirjinti

cukrovinky

misk'ikuna

výrobky pro domácnost

wasimanta pruduktu

čisticí prostředek

maylla produkto

prodavačka

ranqhaq

pokladna

kartun p'uktaki

pokladní

kajiru

nákupní seznam

sinru qillqa rantina

otevírací doba

sumaq runa uyarina phani

peněženka

qullqi wayaqa

kreditní karta

tarjita kriditumanta

taška

plastiko wayaqa

igelitová taška

plastiku wayaqa

voda

yaku

džus

jilli

mléko

ch'awa

kola

coca cola

víno

vino

pivo

sirwisa

alkohol

alkula

kakao

kakawu

čaj

te

káva

caji

espresso

ieksprisu

kapučíno

capuchinu

banán

platanu

jablko

mansana

pomeranč

laranja

meloun

milun

citrón

limun

mrkev

sanawrya

česnek

aju

bambus

wamwu

cibule

siwulla

houba

champiňun

ořechy

awillana

těstoviny

jirius

špageti

ispawiti

rýže

arrus

salát

sarsa

hranolky

papa kanka

americké brambory

papa kanka

pizza

pitsa

hamburger

amwirkisa

sendvič

sanwich

řízek

jiliti

šunka

jamun

salám

salami

salám

salchicha

kuře

chichilu

pečeně

aycha kanka

ryby

challwa

ovesné vločky

p'aqa awina

müsli

muesli

vločky

p'aqa sara

mouka

jak'u

croissant

krwasan

houska

k'awka

chléb

t'anta

toast

t'anta jamk'a

sušenky

khamuna

máslo

mantikilla

tvaroh

ñuqñu

buchta

pastil

vejce

runtu

volské oko

runtu kanka

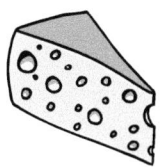

sýr

masara

zmrzlina

chullunka misk'i

cukr

misk'i

med

wayrunq'u misk'i

marmeláda

mirmilara

nugátový krém

krima turrunmanta

kari

kurri

usedlost
chakra wasi

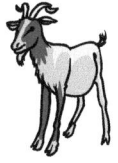

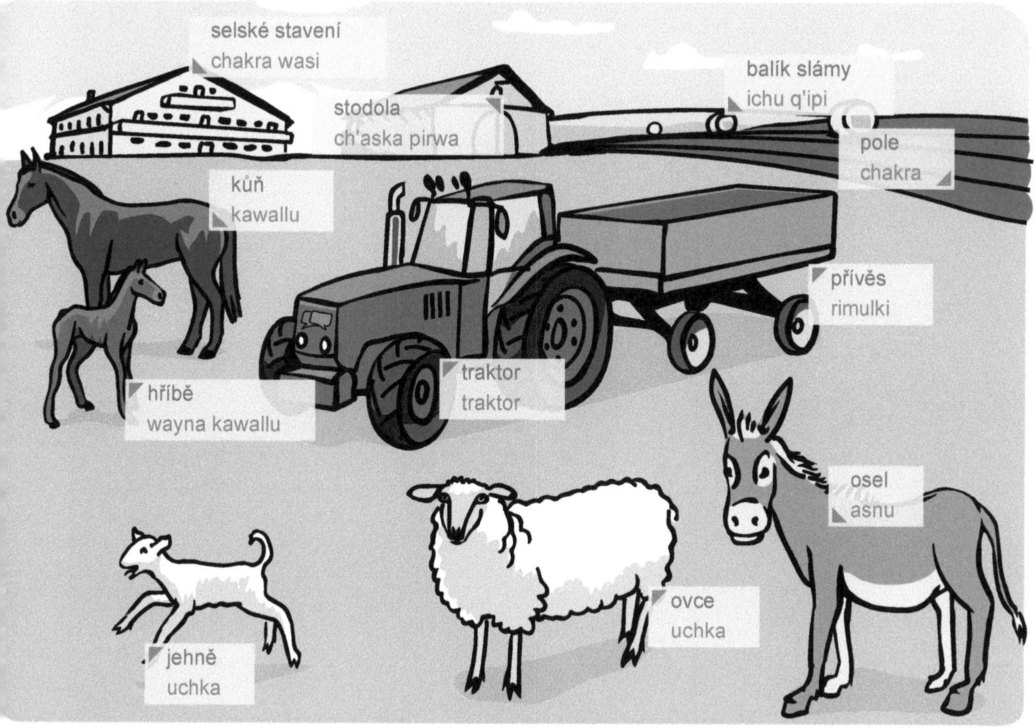

selské stavení
chakra wasi
stodola
ch'aska pirwa
balík slámy
ichu q'ipi
pole
chakra
kůň
kawallu
přívěs
rimulki
traktor
traktor
hříbě
wayna kawallu
osel
asnu
ovce
uchka
jehně
uchka

koza

karwa

kráva

waka

tele

waka uña

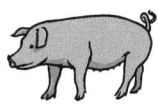

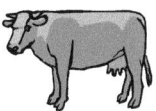

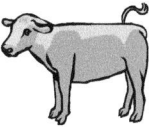

prase

khuchi

sele

khuchi uña

býk

turu

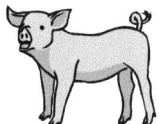

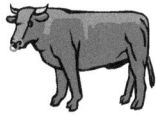

husa

wallata

kachna

pili

kuře

chchilu

slepice

wallpa

kohout

k'anka

krysa

jatun juk'ucha

kočka

misi/michi

myš

juk'ucha

vůl

turu

pes

alqu

psí bouda

alquwasi

zahradní hadice

mankira

kropicí konev

qarpana jalp'a

kosa

rutuna

pluh

taklla

srp
rutuna

motyka
liwk'ana

vidle
sipina

sekera
ayri

kolecko
kapachu

koryto
yaku upyana

konev na mléko
willalli purunku

pytel
jatun wayaqa

plot
jark'aq ch'ipa

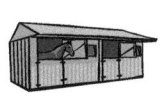

stáj
kancha wasi

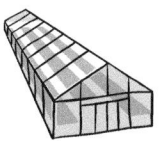

skleník
inwirnadiru

půda
pampa

osivo
muju

hnojivo
wanu

kombajn
makina allana

sklidit

allay

sklizeň

allay

smldinec

ñame

pšenice

tiriwu

sója

soya

brambora

papa

kukuřice

sara

řepka

kulsa luru

ovocný strom

wayu sach'a

maniok

mandiuka

obilí

ch'aki puquy

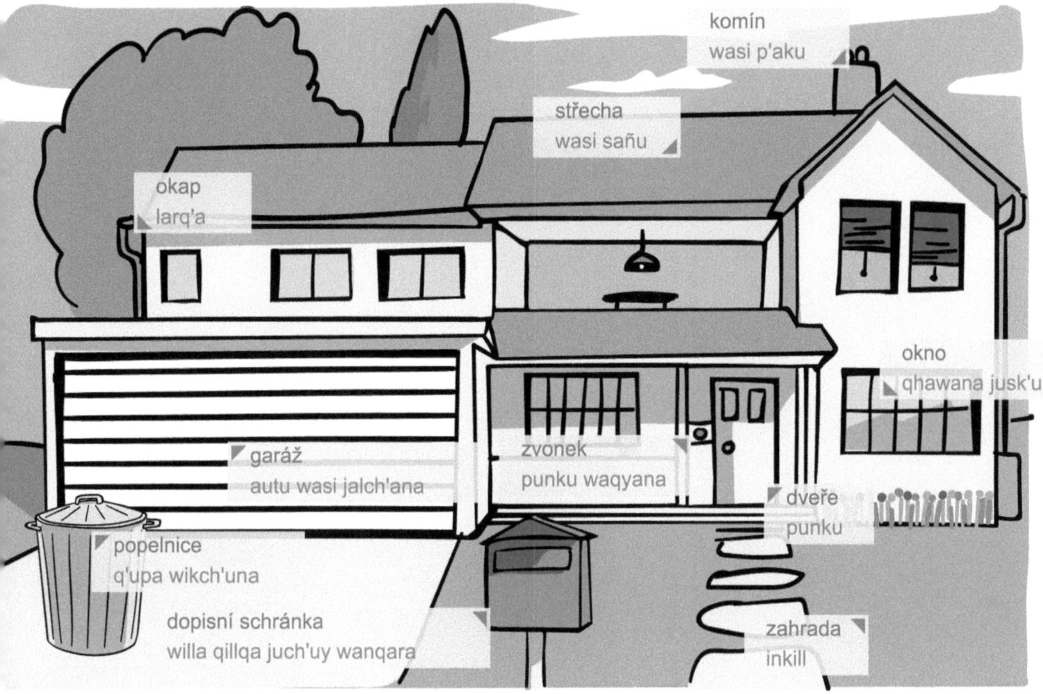

komín
wasi p'aku

střecha
wasi sañu

okap
larq'a

okno
qhawana jusk'u

garáž
autu wasi jalch'ana

zvonek
punku waqyana

dveře
punku

popelnice
q'upa wikch'una

dopisní schránka
willa qillqa juch'uy wanqara

zahrada
inkill

obývací pokoj

k'illi wanlla

koupelna

akana wasi

kuchyně

wayk'una wasi

ložnice

puñuna wasi

dětský pokoj

wawa k'uchu

jídelna

mikhuna k'uchu

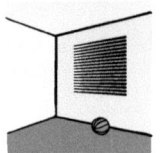

podlaha

pampa

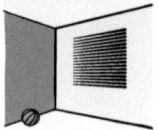

zeď

pirqa

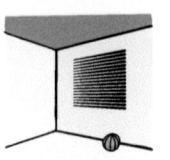

deka

wasip khatan

sklep

wasi ukhun

sauna

sawna

balkón

walkun

terasa

pirqa

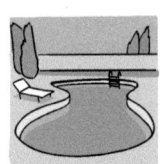

bazén

armakuna

sekačka na trávu

k'achina

ložní prádlo

iqana

lůžková přikrývka

khatana

postel

puñuna

smeták

pichana

kýbl

yaku aysana

vypínač

k'ancha jap'ichiq

obývací pokoj
k'illi wanlla

tapeta
raphi llimp'isqa
obrázek
lanti
žárovka
k'anchana
police
p'anqa jallch'ana
skříň
churakuna
televizor
tele
komín
wasi p'aku
květina
t'ika
polštář
sawna
gauč
sufa
váza
p'uñu
dálkový ovladač
kuntrul remoto

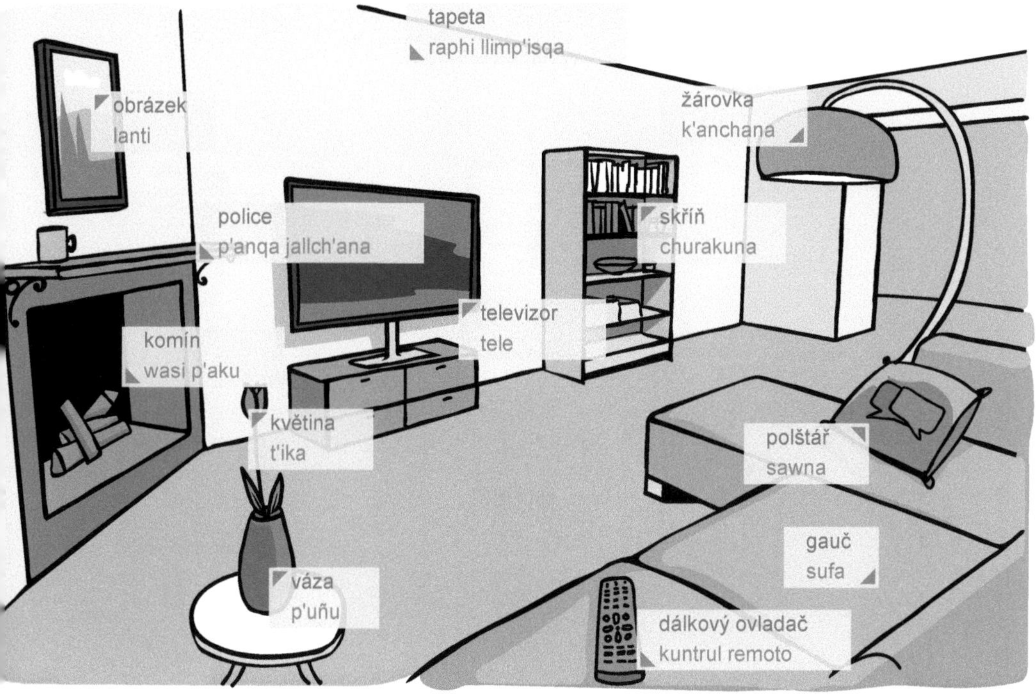

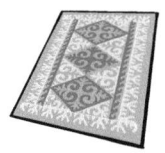

koberec

pampa mast'ana

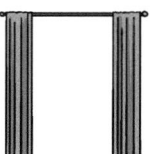

závěs

arapa

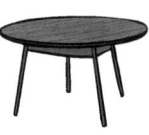

stůl

jamp'ara

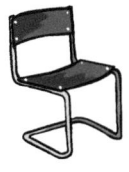

židle

tiyana

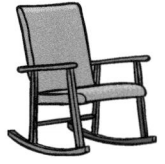

houpací křeslo

chhuku tiyana

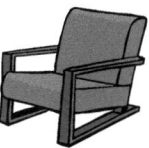

křeslo

kirana

kniha

p'anqa

strop

mast'a

ozdoba

t'ikanchay

palivové dříví

llamt'a

film

pelikula

stereo souprava

takina ekipu

klíč

ch'atana

noviny

mit'awa

malba

llimp'i

plakát

poster

rádio

wayra simi

poznámkový blok

qillqana p'anqa

vysavač

aspiradora

kaktus

pukru

svíce

ispilma

kuchyně
wayk'una wasi

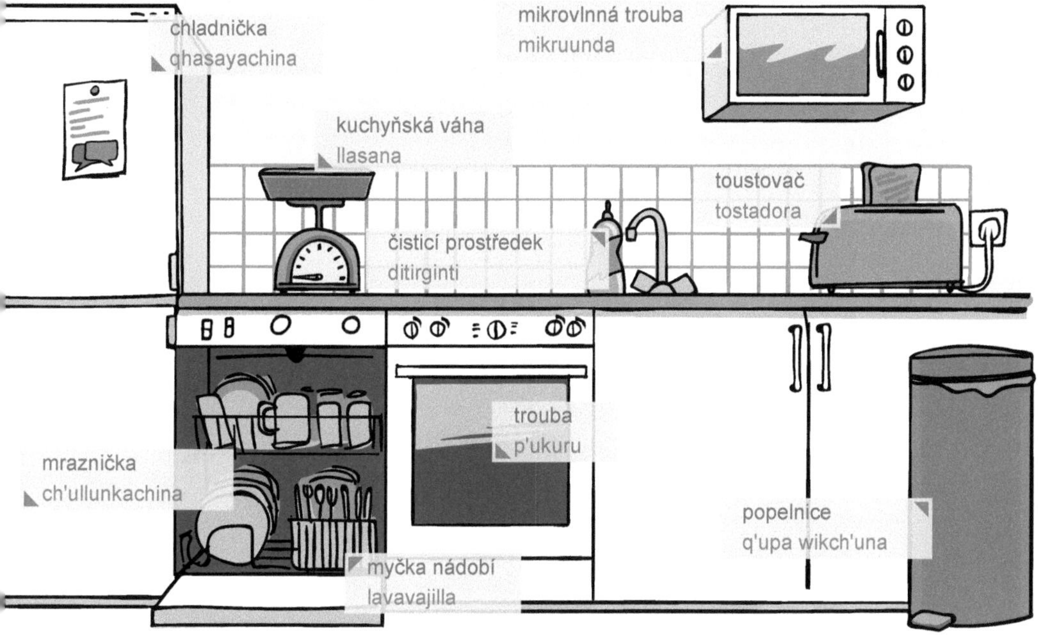

chladnička
qhasayachina
mikrovlnná trouba
mikruunda
kuchyňská váha
llasana
toustovač
tostadora
čisticí prostředek
ditirginti
trouba
p'ukuru
mraznička
ch'ullunkachina
popelnice
q'upa wikch'una
myčka nádobí
lavavajilla

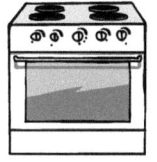

sporák

presiun manka

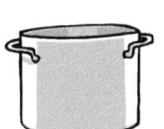

hrnec

manka

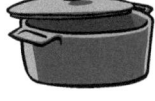

litinový hrnec

q'illa manka

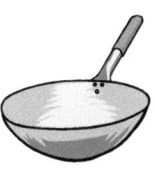

wok / kadai

wok

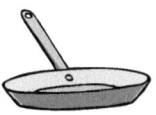

pánev

payla

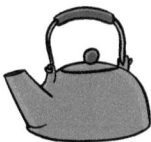

varná konvice

thimpuchina

parní hrnec

wapsina

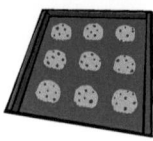

plech na pečení

p'ukuru punku

nádobí

vajilla

hrnek

tasa

miska

tason

jídelní hůlky

palillo

naběračka

wislla

obracečka

phusuqa urquna

metla

qaywina

síto

isanka

cedník

suysuna

struhadlo

thupana

hmoždíř

kutana

gril

kawitu

ohniště

nina jap'ichina

prkénko na krájení

k'ullu kuchunapaq

váleček na těsto

tuquru

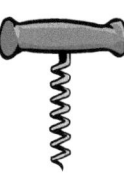

vývrtka

sacacurchu

dóza

lata

otvírák na konzervy

lata kichana

chňapka

jap'ina

umyvadlo

chuwa mayllana

kartáč na nádobí

sipillu

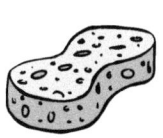

houba

ispunja

mixér

watidora

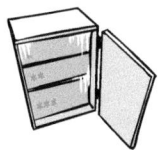

mrazák

ch'ullunkachina

dětská lahev

biberon

kohoutek

grifo

koupelna

akana wasi

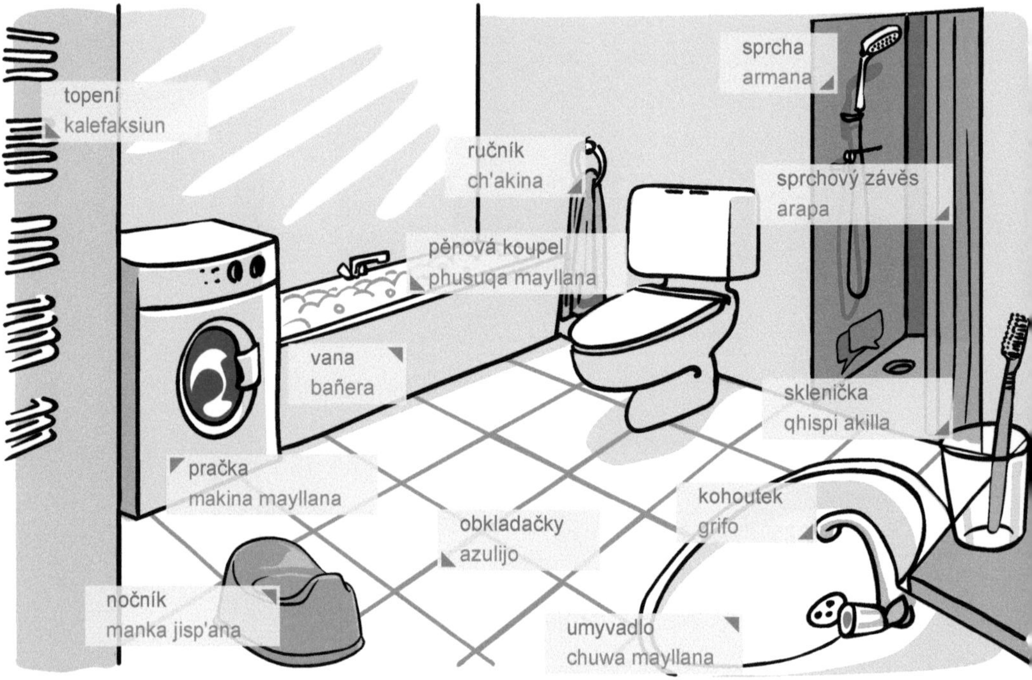

sprcha
armana
topení
kalefaksiun
ručník
ch'akina
sprchový závěs
arapa
pěnová koupel
phusuqa mayllana
vana
bañera
sklenička
qhispi akilla
pračka
makina mayllana
kohoutek
grifo
obkladačky
azulijo
nočník
manka jisp'ana
umyvadlo
chuwa mayllana

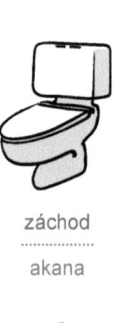

záchod

akana

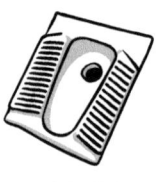

turecký záchod

yakupaka

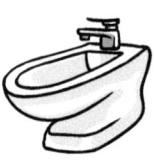

bidet

bidet

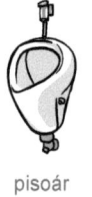

pisoár

jisp'ana

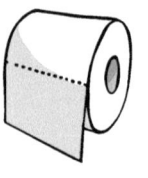

toaletní papír

papel higieniku

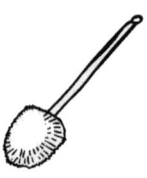

záchodová štětka

water pichana

zubní kartáček

kiru khituna

zubní pasta

kiru pasta

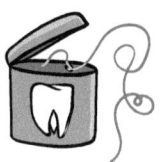

zubní niť

kiru q'aytu

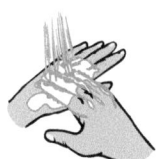

mýt

mayllay

ruční sprcha

armana makiwan

intimní sprcha

armana

umyvadlo

pila

kartáč na záda

wasa cepillo

mýdlo

t'arta

sprchový gel

llukllu armanapaq

šampón

champu

žínka

ch'akina

odpad

ch'chi yaku wikch'una

krém

krima

deodorant

kuntu wayllak'upaq

zrcadlo

qhispi

kosmetické zrcátko

qhawakunaqhispi

holicí strojek

mumikuna

pěna na holení

phusuqu mumikunapaq

voda po holení

lusiun mumikunapaq

hřeben

sikrana

kartáč

kuiru khituna

fén

sekadora

lak na vlasy

ispray

makeup

makillaji

rtěnka

simi llimp'ina

lak na nehty

llimp'i sillu

vata

ampi

nůžky na nehty

sillu k'utuna

parfém

untu

taška s toaletními potřebami

wayaqa ch'usanapaq

stolička

chukuna

váha

aysana

župan

bata

gumové rukavice

maki wayaqa gumamanta

tampón

tampon

dámská vložka

raphi ch'akina

chemická toaleta

akanapaq tiyana kimiku

dětský pokoj
wawa k'uchu

budík
riqch'achina
plyšová hračka
piluchi
autíčko
kochi pukllana
chrastítko
chanrara
domeček pro panenky
urpu wasi
dárek
qurina

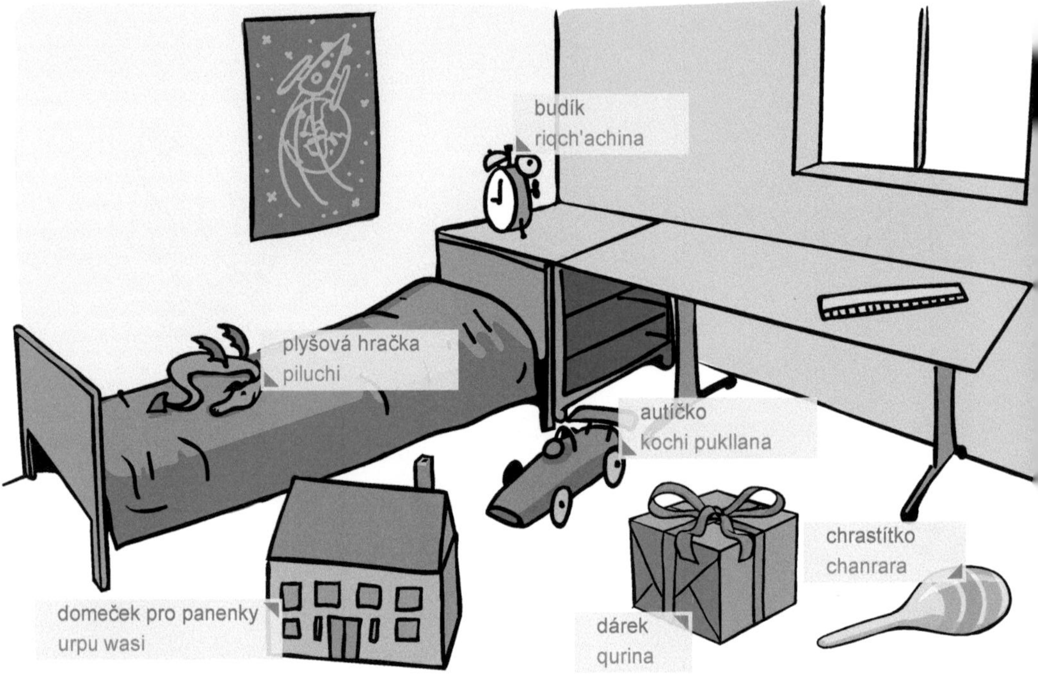

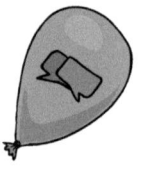

balón

phuyu phuku

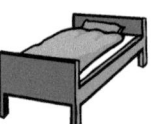

postel

puñuna

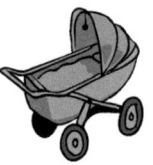

kočárek

wawa kochi

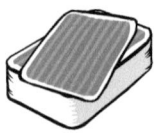

balíček karet

naypi

puzzle

pusli

SUPER
MEGA

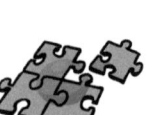

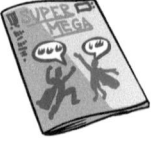

komiks

riwista

lego kostky

legukuna

stavebnice

wluki pukllana

akční figurka

figura aksionmanta

dupačky

wuri wawapaq

frisbee

friswi

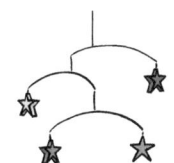

závěsné hračky nad postýlku

wawa marq'a

desková hra

jamp'ara pukllana

kostky

dado

modelová železnice

trin iliktriko purina

dudlík

maniki

oslava

raymi

obrázková kniha

futu p'anqa

míč

p'ulu

panenka

urpu

hrát si

pukllay

pískoviště

ťiyu p'utaki

houpačka

wallunk'a

hračky

pukllana

hrací konzole

wiriukunsula

tříkolka

trisiklu

medvídek

jukumari pukllana

šatník

p'acha jallch'ana

oblečení
p'acha

ponožky

chakiwayaqa

punčochy

chakiwayaqa qharipaq

punčochové kalhoty

chakiwayaqa

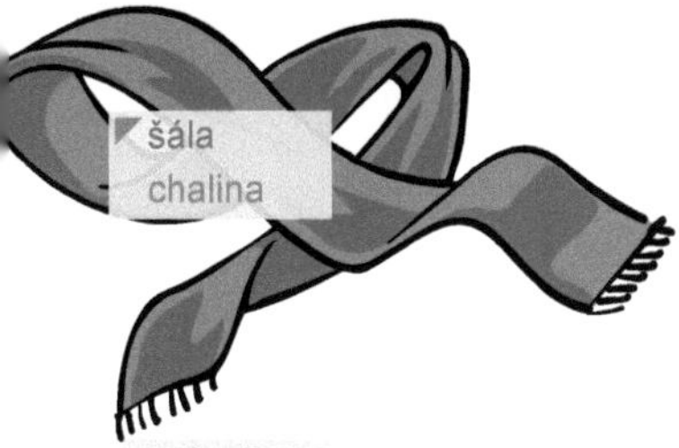

šála
chalina

pásek
chunpi

deštník
parawa

tričko
kamisita

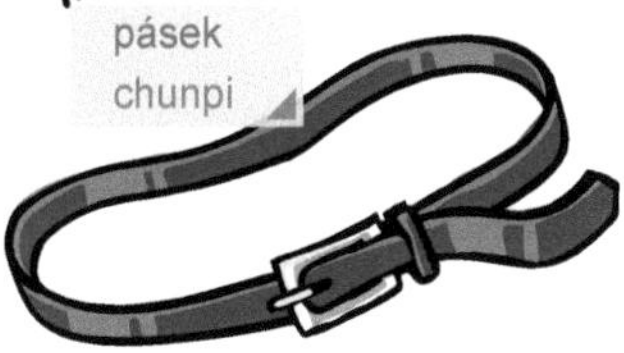

kozačky
wutakuna

domácí obuv
zapatillakuna

tenisky
tinis

sandály
llanq'i

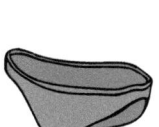

obuv
phapatukuna

holínky
wutakuna parapaq

spodní prádlo
ukhu p'acha

podprsenka
sustin

nátělník
chaliku

body
wuri

kalhoty
pantalu kurtu

džíny
wakiru

sukně
arphi

blůza
wulusa

košile
kamisa

svetr
chumpa

mikina
chumpa

blejzr
blazer

bunda
chakita

kabát
qhata

pláštěnka
yawardina

kostým
traji

šaty
wistiru

svatební šaty
wistiru nowiamanta

oblek

traji

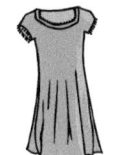

noční košile

kamisun

pyžamo

piyama

sárí

sari

šátek na hlavu

wandana

turban

turbante

burka

burka

kaftan

kaftan

abája

abaya

plavky

traje mayllakunapaq

pánské plavky

p'acha mayllakunpaq

kraťasy

kurtu

teplákovská souprava

p'acha tukuy p'unchawpaq

zástěra

dilantal

rukavice

makiwayaqa

knoflík

ch'itana

brýle

gafakuna

náramek

maki watana

náhrdelník

wallqa

prsten

siwi

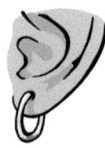

náušnice

linri quri

čepice

q'aspa

ramínko

p'acha warkhuna

klobouk

chharara

kravata

kurbata

zip

pantalu wisk'ana

helma

kasku

kšandy

tirantikuna

školní uniforma

uniforme

uniforma

uniformi

bryndák

llawsanapaq

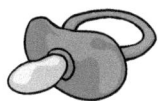

dudlík

maniki

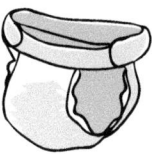

plena

jananta

server
yanapakuq

kartotéka
jatun raphi jallch'ana

tiskárna
impresora nisqa

papír
raphi

monitor
computadura qhawana

psací stůl
llamk'a jamp'ara

myš
juk'ucha

šanon
raphi churana

klávesnice
tekladu

odpadkový koš na papír
raphi chuqana

počítač
computarura

židle
tiyana

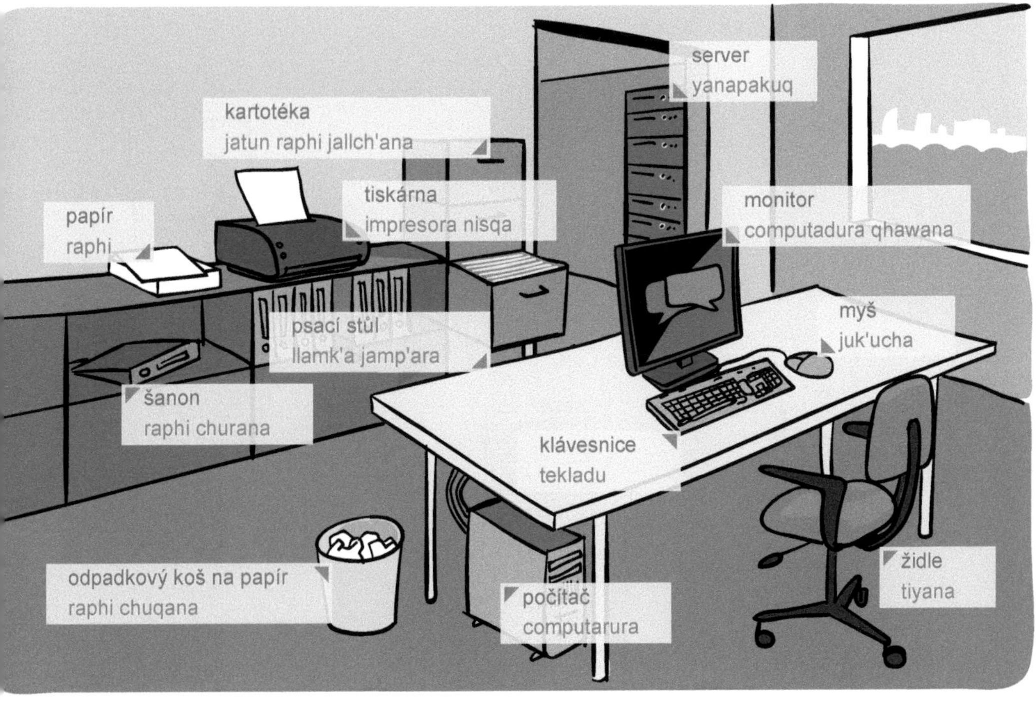

hrnek na kávu

tasa cajimanta

kalkulačka

calcularura

internet

intirnit

kancelář - ujisina

49

notebook

laptop

dopis

chaki qillqa

zpráva

willachiy

mobil

silular

síť

red

kopírka

futukopia

software

software

telefon

tilijunu

zásuvka

toma corriente

fax

faks

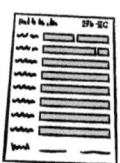

formulář

jurmulario

dokument

asuy qillqa

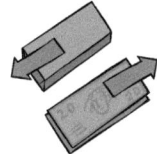

nakupovat

ranqhay

zaplatit

qupuy

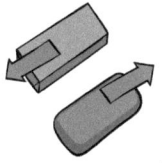

jednat

ranqhay

peníze

qullqi

dolar

dólar qullqi

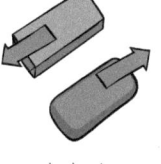

euro

iwro qullqi

jen

yen qullqi

rubl

ruwlu qullqi

frank

juranku swisu qullqi

juan

rinminwi qullqi

rupie

rupia qullqi

bankomat

kajiru awtumatiku

směnárna

qullqi rantina wasi

zlato

quri

stříbro

qullqi

olej

pitruliu

energie

kallpa

cena

yupa

smlouva

mink'ay

daň

impuistu

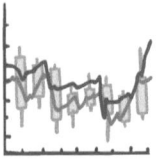

akcie

aksiun

pracovat

llamk'ay

zaměstnanec

llamk'achiq

zaměstnavatel

llamk'achiq

továrna

puquchiy kiti

obchod

tienda

povolání
llamk'aykuna

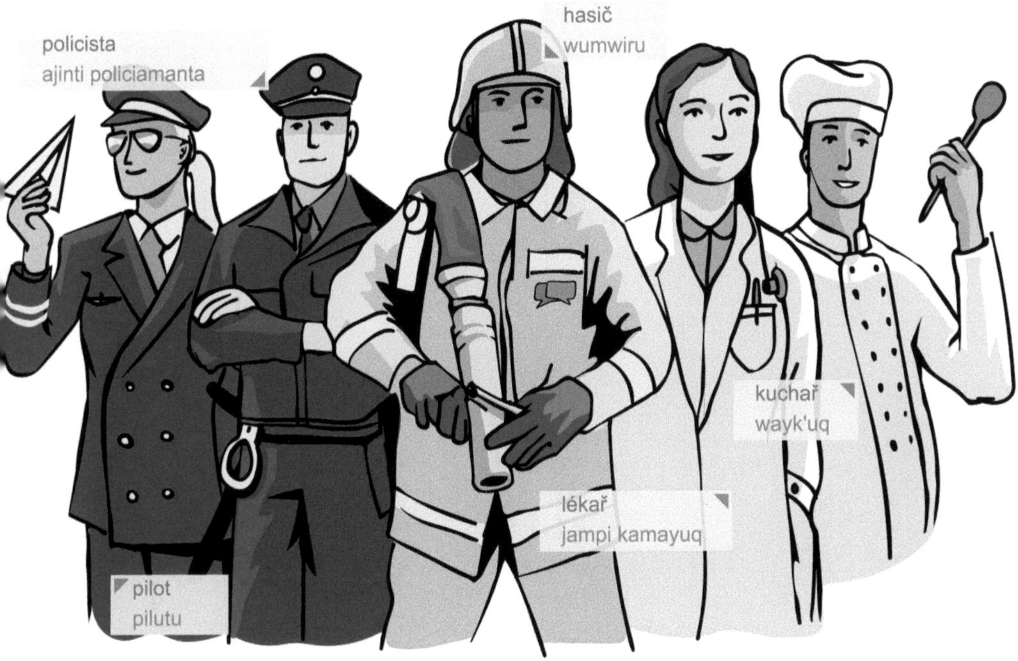
policista
ajinti policiamanta
hasič
wumwiru
kuchař
wayk'uq
lékař
jampi kamayuq
pilot
pilutu

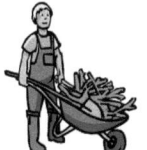

zahradník
inkill kamayuq

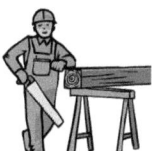

truhlář
llaqllaykamayuq

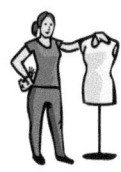

švadlena
siraykamayuq

soudce
khuskachaq

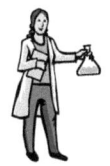

chemik
jampi ranqhaq

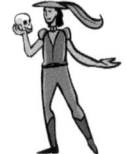

herec
aranwaq

řidič autobusu

awtuwus q'iwiq

řidič taxi

taksi q'iwiq

rybář

challwakamayuq

uklízečka

pichaq

pokrývač

wasip qhatan

číšník

wayna yanapaq

myslivec

chakuykamayuq

malíř

llimp'iq

pekař

t'antiri

elektrikář

iliktrisista

stavební dělník

llam'kaq

inženýr

k'llikacha

řezník

ñak'aq

klempíř

yaku kamayuq

listonoš

qillqa apaq

voják

awqakuq

architekt

wasikamayuq

pokladní

kajiru

florista

t'ikachaq

kadeřník

chukcharutuq

průvodčí

q'iwichiq

mechanik

mikaniku

kapitán

wamink'a

zubař

kirukamayuq

vědec

jamawt'a

rabín

rawinu

imám

k'askachimuq

mnich

munji

duchovní

tata kura

nářadí
ruk'awi

kladivo
takana
kleště
alikati
šroubovák
disturnilladur
klíč
kichakuq
kapesní svítilna
k'anchana

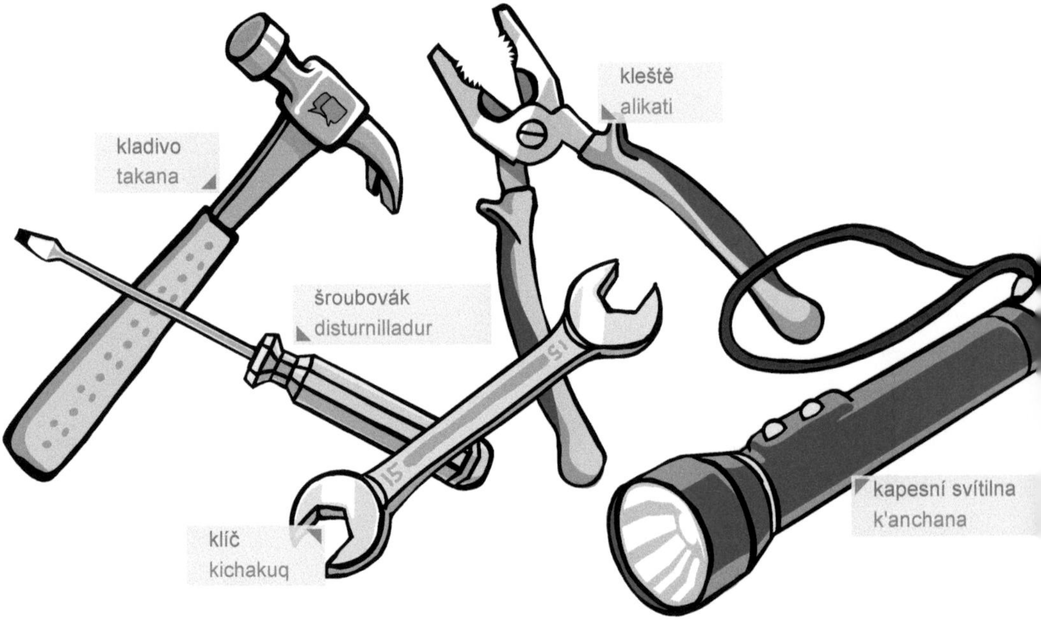

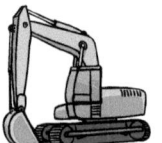

bagr

ikskawadura

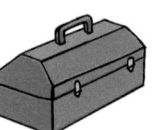

skříň na nářadí

ruk'awi p'uktaki

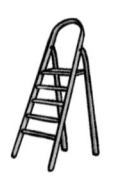

žebřík

wichana makiyuq

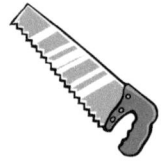

pila

sierra

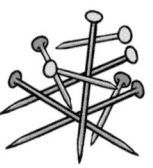

hřebíky

takarpu

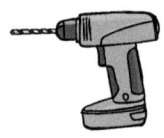

vrtačka

talaru

opravit

allinchay

lopata

lampa

Kurva!

¡Supay apachun!

lopatka

q'upa tantana

vědroé na barvu

llimp'i churana

šrouby

turnillukuna

hudební nástroje
takichiy nakuna

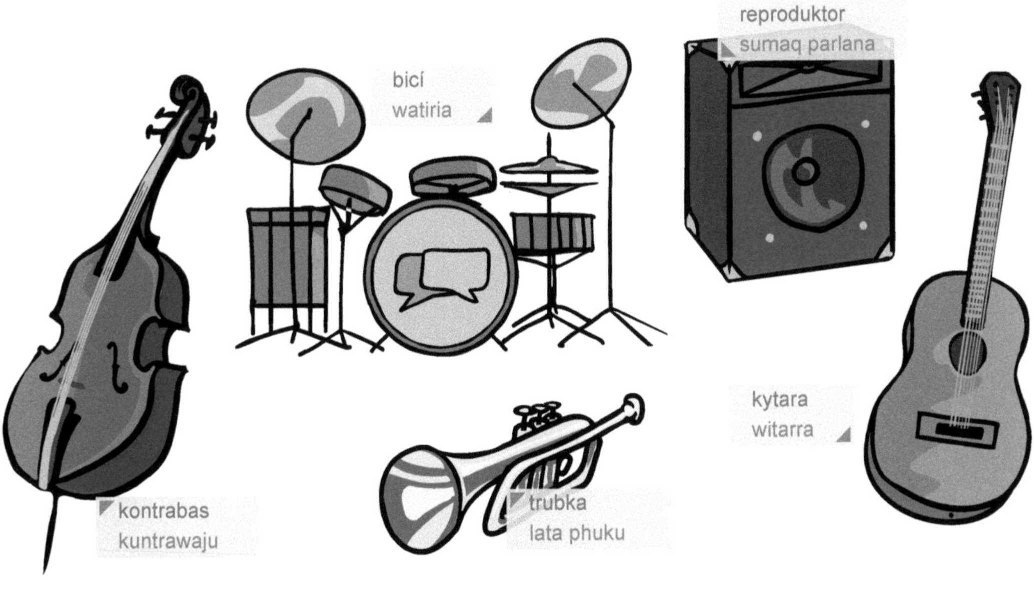

bicí
watiria

reproduktor
sumaq parlana

kontrabas
kuntrawaju

trubka
lata phuku

kytara
witarra

klavír
pianu

housle
wiulin

basa
waju

tympán
tinwalis

bubny
wankar

keyboard
tikladu

saxofon
saksu

flétna
phukuna

mikrofon
mikrufunu

zoo

jatun uywa kancha

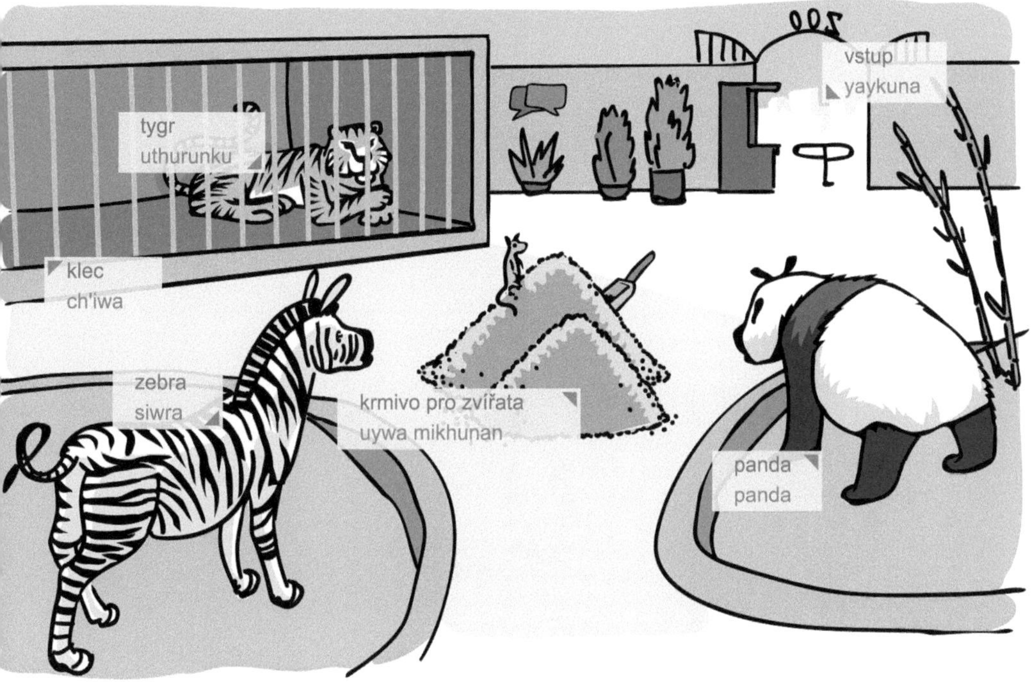

tygr
uthurunku
vstup
yaykuna
klec
ch'iwa
zebra
siwra
krmivo pro zvířata
uywa mikhunan
panda
panda

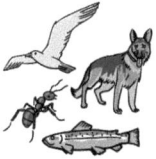

zvířata

uywa

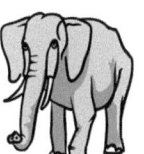

slon

ilijanti

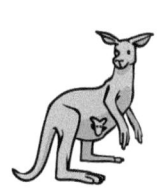

klokan

kanguru

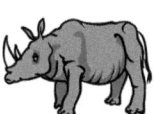

nosorožec

rinusirunti

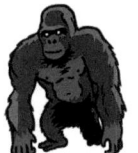

gorila

gurila

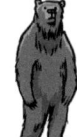

medvěd

jukumari

velbloud

kamillu

pštros

suri

lev

puma

opice

k'usillu

plameňák

pariwana

papoušek

q'ichichi

lední medvěd

pular jukumari

tučňák

pinwinu

žralok

tiwurun

páv

pawu

had

katari

krokodýl

kukuwurilu

ošetřovatel zvířat

jatun uywa kancha arariwa

tuleň

fuka

jaguár

uthurunku

poník

puni

leopard

lliwpardu

hroch

hipuputamu

žirafa

jirafa

orel

anka

divoké prase

sintiru

ryby

challwa

želva

turtuga

mrož

mursa

liška

atuq

gazela

gacila

americký fotbal
amerikanu papawki pukllay

cyklistika
siklu rumpiy

tenis
tenis

košíková
isanka papawki

plavání
waťaku

box
ñuk'anaku

lední hokej
joki

kopaná	badminton	lehká atletika
papawki pukllay	watmintun	lanlak

házená	běh na lyžích	vodní pólo
kakcha	iski	pulu

aktivity
ruwakuna

smát se
asiy
skočit
phinkiy
objímat
mak'alliy
jít
puriy
zpívat
takiy
snít
musquy
modlit se
mañakuy
políbit
much'ay

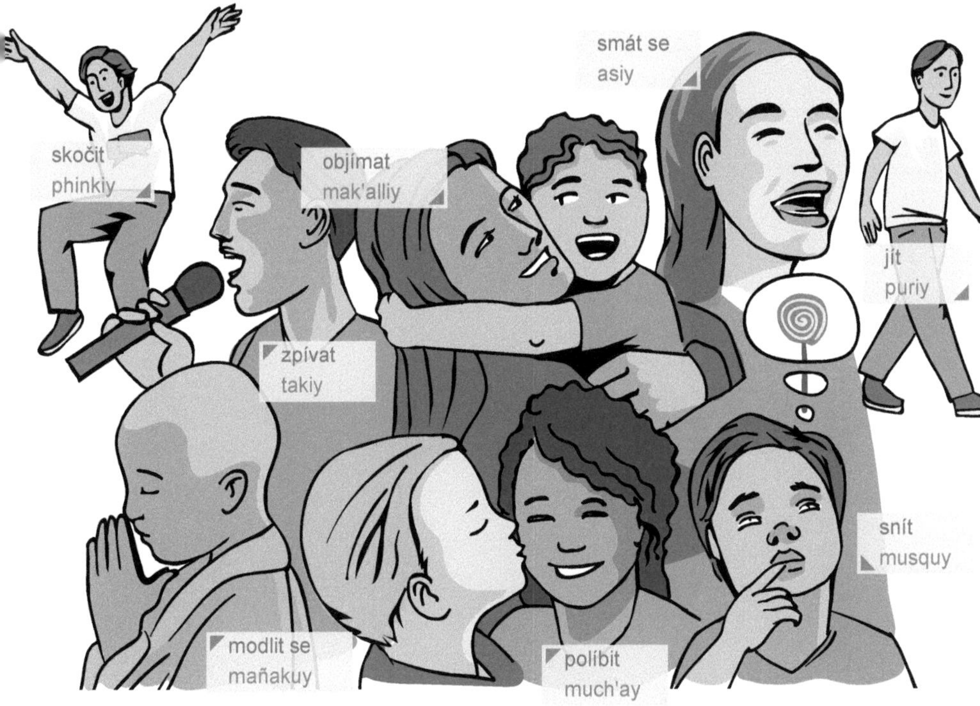

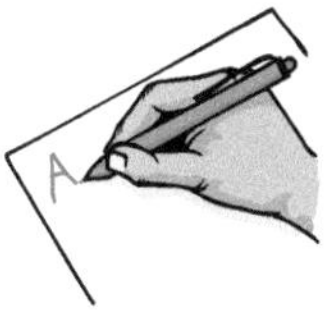

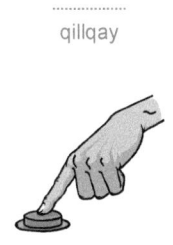

psát

qillqay

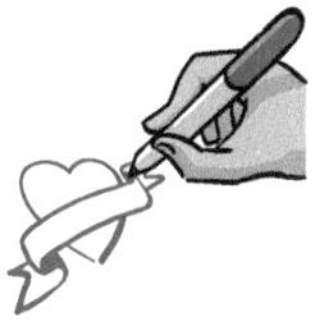

kreslit

t'iktuy

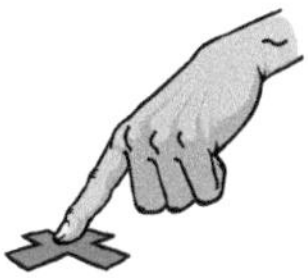

ukazovat

qhawachiy

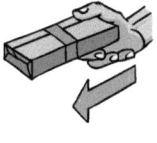

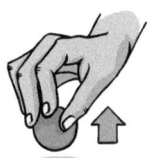

tlačit

tanqay

dát

quy

vzít si

uqhariy

mít

yuq

dělat

ruway

být

kay

stát

sayay

běhat

ťijuy

táhnout

chuqay

hodit

chuqay

padat

urmay

ležet

siriy

čekat

suyay

nosit

apay

sedět

chukuchiy

oblékat

p'achachakuy

spát

puñuy

vzbudit se

rikch'ay

prohlédnout si
....
qhaway

plakat
....
waqay

pohladit
....
waylluy

česat
....
sikray

hovořit
....
rimay

rozumět
....
unanchay

ptát se
....
tapuy

slyšet
....
uyariy

pít
....
upyay

jíst
....
mikhuy

uklidit
....
kamachiy

milovat
....
khuyay

vařit
....
wayk'uy

jet
....
q'iwiy

letět
....
phaway

plachtit

wamp'uy

počítat

yupanchay

číst

ñawiriy

učit se

yachay

pracovat

llamk'ay

vzít si

sawaray

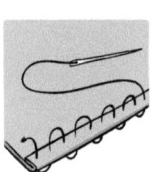

šít

siray

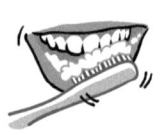

čistit si zuby

kiru khitukuy

zabít

wanchiy

kouřit

pitay

poslat

kachay

rodina
yawar masikuna

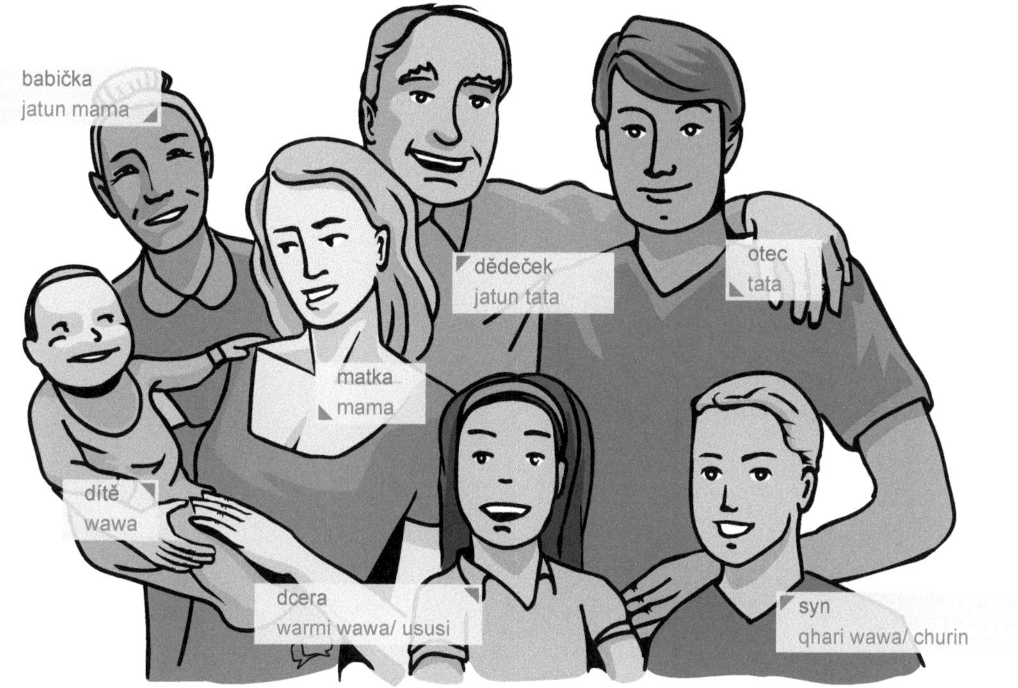

babička
jatun mama
dědeček
jatun tata
otec
tata
matka
mama
dítě
wawa
dcera
warmi wawa/ ususi
syn
qhari wawa/ churin

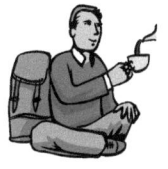

host

jamuynisqa

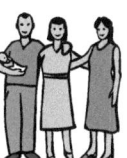

teta

ipa

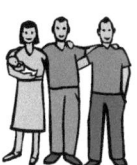

strýc

kaki

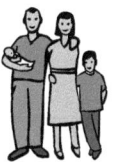

bratr

tura/wawqi

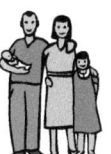

sestra

ñaña/pana

tělo

uqhu

čelo
mat'i
oko
ñawi
rameno
likra
prst
ruk'ana
obličej
uya
brada
sunkha
ruka
maki
dolní končetina
t'usu
hruď
qhasqu
paže
likra

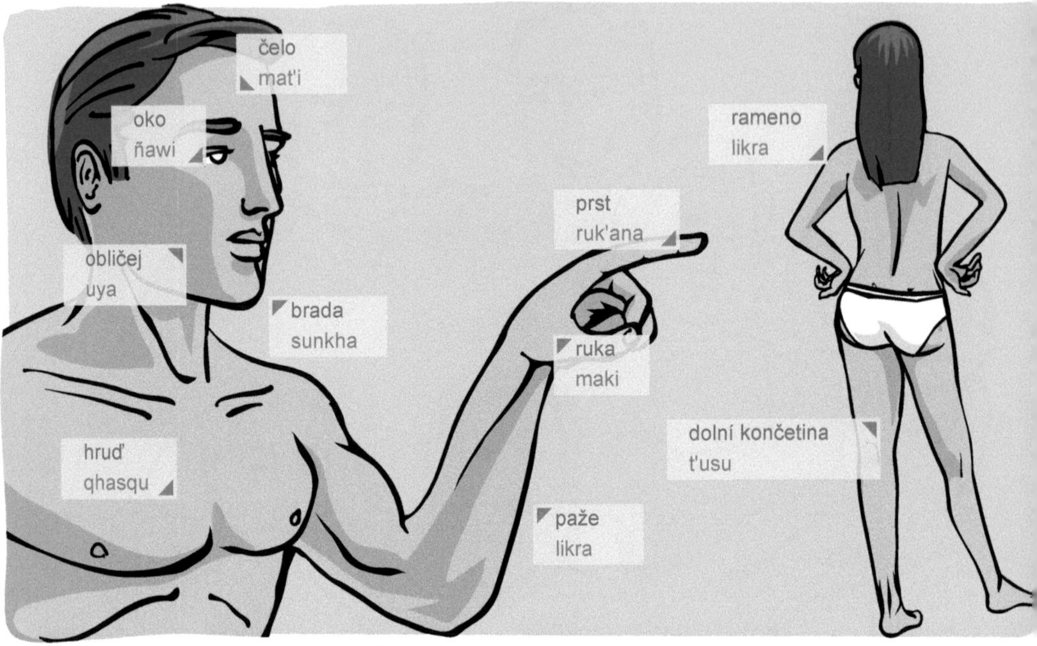

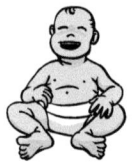

dítě

wawa

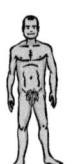

muž

qhari

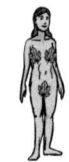

žena

warmi

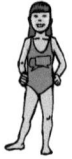

dívka

sipas

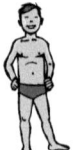

chlapec

yuqalla

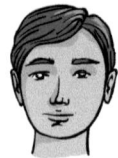

hlava

uma

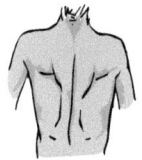

záda
wasa

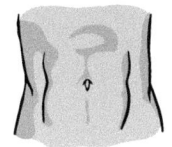

břicho
wisa ukhu

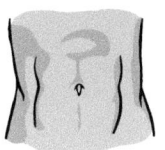

pupík
pupu

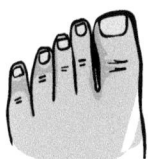

prst na noze
ruk'ana

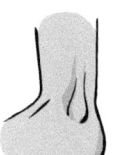

pata
takillpa

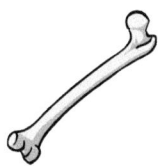

kost
tullu

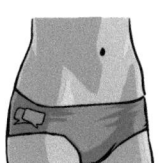

bok
chaka

koleno
muqu

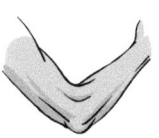

loket
maki muqu

nos
sinqa

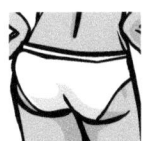

zadek
siki

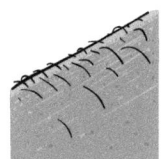

kůže
qara

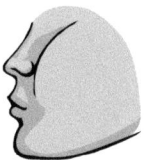

tvář
k'aqlla

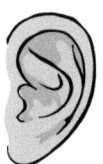

ucho
linri

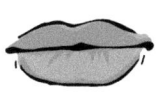

ret
sipri

ústa

simi

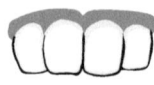

zub

kiru

jazyk

qallu

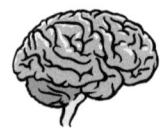

mozek

ñuqtu

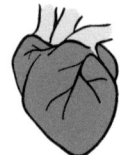

srdce

sunqu

sval

mach'i

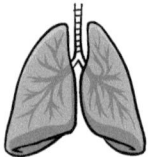

plíce

surq'an

játra

k'iwicha

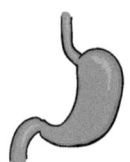

žaludek

wisa

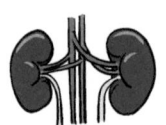

ledviny

wasa ruru

pohlavní styk

lluq'anaku

kondom

condon

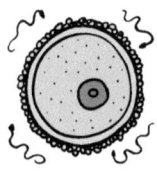

vajíčko

ch'uytu

sperma

yuma

těhotenství

wiksayuq kay

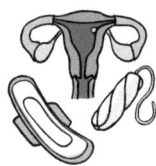

menstruace

k'ikuy

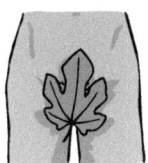

vagina

rakha

penis

ullu

obočí

qhichira

vlasy

chukcha

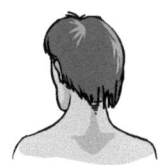

krk

kunka

nemocnice
Jampina wasi

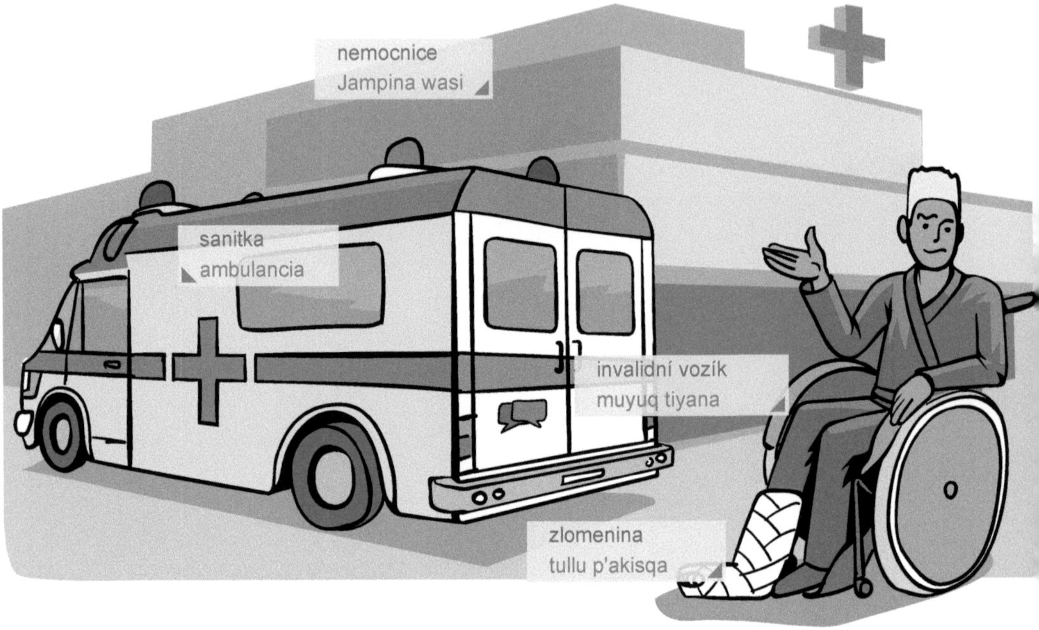

nemocnice
Jampina wasi
sanitka
ambulancia
invalidní vozík
muyuq tiyana
zlomenina
tullu p'akisqa

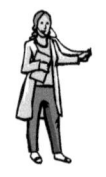

lékař
jampi kamayuq

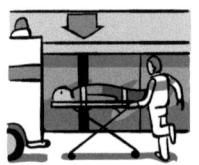

pohotovost
urgencia wasi

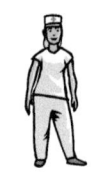

zdravotní sestra
jampi yanapaq

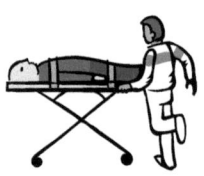

urgentní případ
urjinsia

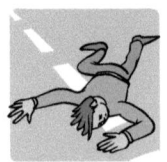

v bezvědomí
mana yuyayniyuqchu

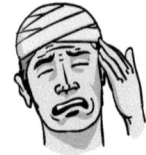

bolest
nanay

úraz
ñuti

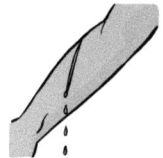

krvácení
sirk'ay

infarkt myokardu
infarto

cévní mozková příhoda
wayra

alergie
millachikuq

kašel
ch'uju

horečka
k'aja unquy

chřipka
p'urqi

průjem
q'icha

bolest hlavy
uma nanay

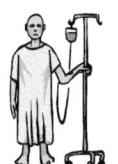

rakovina
isqu unquy

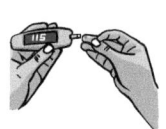

cukrovka
diyawitis

chirurg
jampi kamayuq

skalpel
bisturi

operace
upirasiun

CT

TAC

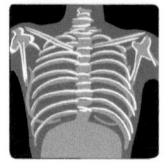

rentgen

tullurikuchi

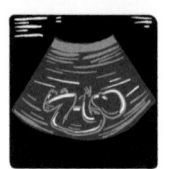

ultrazvuk

ultrasunidu

maska

jark'ana

nemoc

unquy

čekárna

suyanapaq k'illi wanlla

berle

tawna

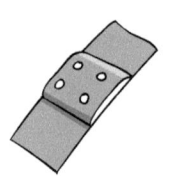

náplast

tinta

obvaz

manku

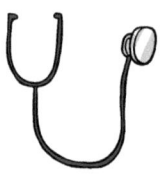

injekce

inyiksiun

stetoskop

istituskupiu

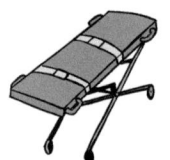

nosítka

kallapu

teploměr

llaphi tupuna tupu

porod

paqarisqa

nadváha

wirachasqa

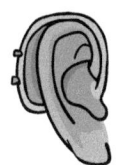

naslouchátko
....
audifono

dezinfekční prostředek
....
disinjiktanti

infekce
....
q'iyacha

virus
....
miyu

HIV / AIDS
....
VIH / SIDA

lékařství
....
jampi

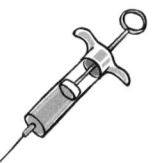

očkování
....
wakuna

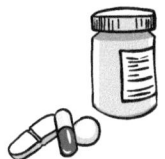

tablety
....
tawlitakuna

pilulka
....
pastilla

tísňové volání
....
usqay waqyana

tonometr
....
tinsiumitru

nemocný / zdravý
....
unqusqa / qhali

Pomoc!

¡Yaw!

poplach

alarma

přepadení

manchay

napadení

waykha

nebezpečí

chhiki

nouzový východ

punku utqay lluqsinapaq

Hoří!

¡Nina!

hasicí přístroj

nina wañichiq

nehoda

ñak'ariy

zdravotnická brašna

botiquin de primeros
auxilios

SOS

SOS

policie

pulisiya

Evropa

Iwrupa

Severní Amerika

Chincha Amerika

Jižní Amerika

Qulla Amerika

Afrika

Ajurika

Asie

Asia

Austrálie

Awstralia

Atlantik

Atlantiku

Pacifik

Pasijiku

Indický oceán

Indiku mama qucha pacha

Jižní ledový oceán

Antartiku mama qucha
pacha

Severní ledový oceán

Artiku mama qucha pacha

severní pól

chincha pulu

jižní pól
qulla pulu

Antarktida
Antartida

země
Pacha

pevnina
jallp'a

moře
mama qucha

ostrov
tara

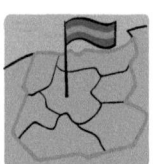

národ
llaqta

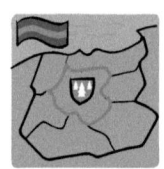

stát
Suyu

ciferník

muruq'u

hodinová ručička

phani tuqsiq

minutová ručička

chininiq

vteřinová ručička

ch'ipu yupaq

Kolik je hodin?

¿Ima phanitaq?

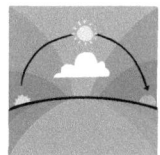

den

p'unchaw

čas

pacha

teď

kunan

digitální hodinky

dijital inti watana

minuta

chinini

hodina

phani

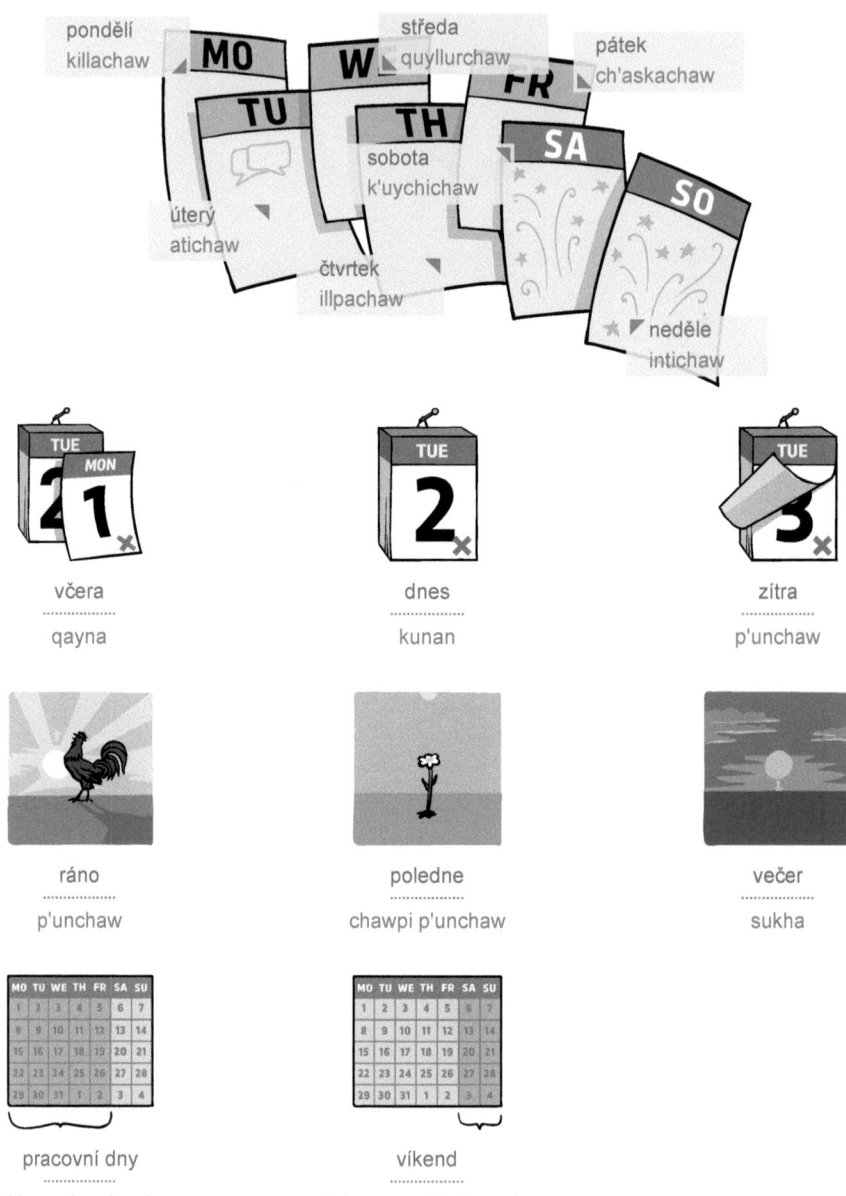

pondělí
killachaw

úterý
atichaw

středa
quyllurchaw

čtvrtek
illpachaw

pátek
ch'askachaw

sobota
k'uychichaw

neděle
intichaw

včera	dnes	zítra
qayna	kunan	p'unchaw
ráno	poledne	večer
p'unchaw	chawpi p'unchaw	sukha
pracovní dny	víkend	
llamk'ana p'unchawkuna	tukuq qanchischawnin	

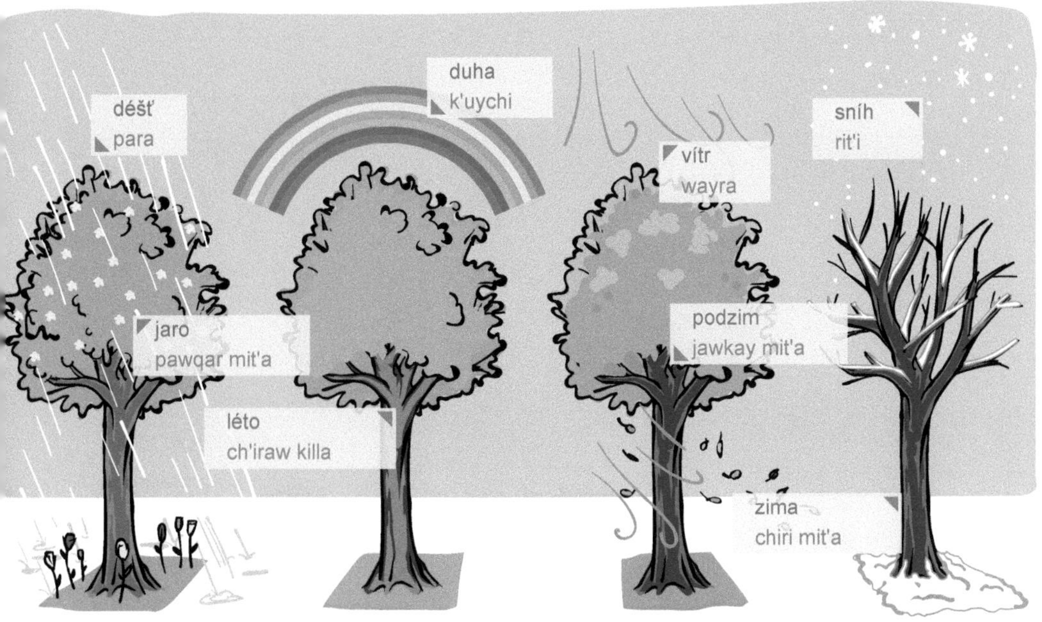

déšť
para
duha
k'uychi
vítr
wayra
sníh
rit'i
jaro
pawqar mit'a
podzim
jawkay mit'a
léto
ch'iraw killa
zima
chiri mit'a

4.APRIL 11°
5.APRIL 4°
6.APRIL 13°
7.APRIL 8°
8.APRIL 10°

předpověď počasí

inti raki

F
C
120
90
60
30
0
-30
40
30
20
10
0
-10
-20

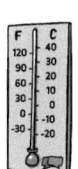

teploměr

tirmumitru

sluneční svit

inti

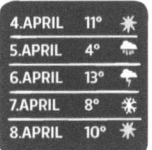

mrak

phuyu

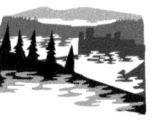

mlha

phuyu

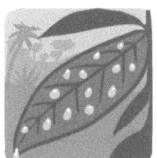

vlhkost

juq'u

blesk

illapa

hrom

illapa

bouřka

tamya

kroupy

chikchi

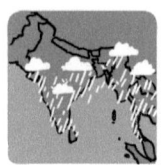

monzun

muyuq wayra

povodeň

lluqlla

led

chullunka

leden

qhaqmiy killa

únor

jatunpuquy killa

březen

pachapuquy killa

duben

ariwaki killa

květen

aymuray killa

červen

jawkaykuskuy killa

červenec

chakrakunakuy killa

srpen

chakraypuy killa

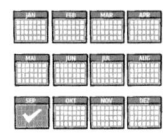

září
....
tarpuy killa

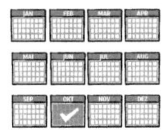

říjen
....
pawqarwara killa

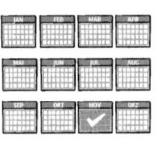

listopad
....
ayamarq'ay killa

prosinec
....
qhapaq inti raymi killa

tvary

pacha tupusqa rikch'ay

kruh
....
muyu yupa

čtverec
....
tawak'uchu yupa

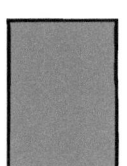

obdélník
....
sayt'u yupa

trojúhelník
....
kimsa k'uchu yupa

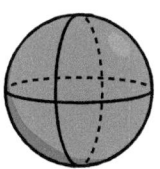

koule
....
muruq'u

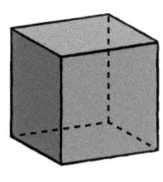

krychle
....
yupa wayru

bílá

yurak

žlutá

q'illu

oranžová

willapi

růžová

panti

červená

puka

fialová

kulli

modrá

anqas

zelená

q'umir

hnědá

ch'umpi

šedá

uqi

černá

yana

hodně / málo

achkha / pisi

rozzuřený / mírumilovný

phiña / qhasi

krásný / ošklivý

k'acha / millay

začátek / konec

qallariy / tukuy

velký / malý

jatun / juch'uy

světlý / tmavý

sut'i / tuta

bratr / sestra

wawqi / pana

čistý / špinavý

llimphu / ch'ichi

úplný / neúplný

junt'asqa / mana junt'asqa

den / noc

p'unchaw / tuta

mrtvý / živý

wañusqa / kawsaq

široký / úzký

chhuqu / k'ichki

jedlý / nejedlý

mikhunapaq / mana
mikhunapaqchu

zlý / hodný

sakra / k'acha

vzrušený / znuděný

kusisqa / majisqa

tlustý / hubený

rakhu / tullu

nejdříve / naposledy

ñawpaq / qhipa

přítel / nepřítel

masi / awqa

plný / prázdný

junt'a / ch'in

tvrdý / měkký

k'urki / llamp'u

těžký / lehký

llasa / chhalla

hlad / žízeň

yarqhay / ch'akiy

nemocný / zdravý

unqusqa / qhali

ilegální / legální

chanin / mana chanin

inteligentní / hloupý

yuyaysapa / upa

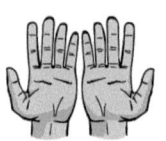

vlevo / vpravo

lluq'i / paña

blízko / daleko

qaylla / karu

nový / použitý

musuq / mawk'a

nic / něco

ch'usaq / imapis

starý / mladý

machu / wayna

zapnutý / vypnutý

jap'isqa / wanchisqa

otevřeno / zavřeno

kichasqa / wisq'asqa

tichý / hlasitý

ch'in / ch'aqwa

bohatý / chudý

qhapaq / wakcha

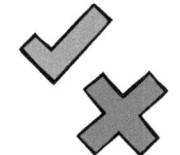

správný / špatný

chiqan / mana chiqan

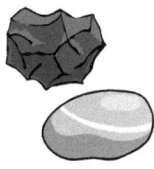

drsný / hladký

qhachqa / llamp'u

smutný / šťastný

llakisqa / kusi

krátký / dlouhý

k'aka / karu

pomalý / rychlý

jayra / utqay

vlhký / suchý

juq'u / ch'aki

teplý / chladný

rupha / chiri

válka / mír

awqay / sunqu tiyakuy

protiklady - wakjinakuna

0

nula

ch'usak

1

jedna

uk

2

dva

iskay

3

tři

kimsa

4

čtyři

tawa

5

pět

phichqa

6

šest

suqta

7

sedm

qanchis

8

osm

pusaq

9

devět

jisq'un

10

deset

chunka

11

jedenáct

chunka ukniyuq

12

dvanáct

chunka iskayniyuq

13

třináct

chunka kimsayuq

14

čtrnáct

chunka tawayuq

15

patnáct

chunka phichkayuq

16

šestnáct

chunka suqtayuq

17

sedmnáct

chunka qanchisniyuq

18

osmnáct

chunka pusaqniyuq

19

devatenáct

chunka jsq'unniyuq

20

dvacet

iskay chunka

100

sto

pacha

1.000

tisíc

waranqa

1.000.000

milion

junu

angličtina

inklis simi

americká angličtina

amerikanu inklis simi

standardní čínština

mandarin chinu simi

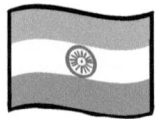

hindština

jindi simi

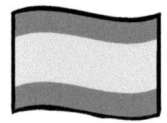

španělština

castilla simi

francouzština

fransis simi

arabština

arabia simi

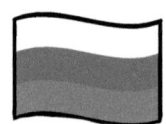

ruština

rusia simi

portugalština

purtugal simi

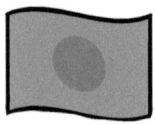

bengálština

bingali simi

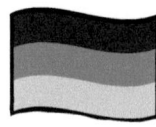

němčina

alimania simi

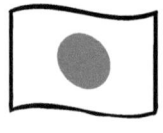

japonština

japun simi

já

ñuqa

ty

qam

on / ona / ono

pay / pay / chay

my

ñuqanchik

vy

qamkuna

oni

paykuna

Kdo?

¿pitaq?

Co?

¿imataq?

Jak?

¿imaynataq?

Kde?

¿maypitaq?

Kdy?

¿mayk'aq?

jméno

suti

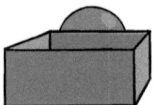

za
qhipa

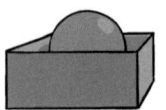

do
pi

z
ñawpaq

nad
pantanpi

na
pata

mezi
uranpi

vedle
kuska

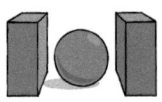

mezi
chawpi

místo
chiqan